18歳までに育てたい力

社会科で育む「政治的教養」

坂井 俊樹 【監修】

小瑶 史朗・鈴木 隆弘・國分 麻里 【編著】

学文社

執 筆 者

坂井　俊樹（東京学芸大学）　　　　　　　　　　　　　［第 1 章］

金子真理子（東京学芸大学）　　　　　　　　　　　　　［第 2 章］

井山　貴代（神奈川県伊勢原市立桜台小学校）　　　　　［第 3 章］

石本　貞衡（東京都練馬区立大泉中学校）　　　　　　　［第 4 章］

堀口　博史（埼玉県　公立学校）　　　　　　　　　　　［第 5 章］

鈴木　隆弘（高千穂大学）　　　　　　　　　　　　　　［第 6 章］

竹内　裕一（千葉大学）　　　　　　　　　　　　　　　［第 7 章］

板垣　雅則（千葉県浦安市立舞浜小学校）　　　　　　　［第 8 章］

熊井戸綾香（東京都西東京市立柳沢中学校）　　　　　　［第 9 章］

吉岡　大輔（東京都立竹早高等学校）　　　　　　　　　［第10章］

小瑶　史朗（弘前大学）　　　　　　　　　　　　　　　［第11章］

中妻　雅彦（愛知教育大学）　　　　　　　　　　　　　［第12章］

國分　麻里（筑波大学）　　　　　　　　　　　　　　　［第13章］

窪　　直樹（東京都練馬区立大泉第六小学校）　　　　　［第14章］

内藤　圭太（埼玉県戸田市立戸田中学校）　　　　　　　［第15章］

田代　憲一（東京都渋谷区立渋谷本町学園中学校）　　　［第16章］

上園　悦史（東京学芸大学附属竹早中学校）　　　　　　［第17章］

飯塚　真吾（八千代松陰高等学校）　　　　　　　　　　［第18章］

（執筆順）

はじめに

　18歳選挙権の時代，どのような政治的教養を育てるべきなのか。

　「政治的教養」の育成は，次期学習指導要領改訂の柱の一つに位置づこうとしている。だが，主権者教育が官民をあげて推進されるなか，その実践は，よりよい候補を選ぶだけの「投票者教育」になっていないだろうか。

　私たちが育てるべき未来の主権者，つまり子どもたちに必要な力は，投票先を決断する力にとどまらず，社会の構成員としての知識を駆使しながら，社会のありようを吟味し，必要な場合には政治的な発言をためらわず，望ましい未来に向けて行動する力であろう。このような資質・能力，言い換えれば「政治的教養」を備えた主権者を育てるには，投票日前後での有権者教育，あるいは高等学校公民科教育だけでは十分ではない。小学校から中学校，そして高等学校まで継続した「政治的教養」育成の取り組みが求められることとなろう。

　本書は，『18歳までに育てたい力─社会科で育む「政治的教養」─』と題し，小学校から高等学校の子どもたちに身につけてもらいたい力を「政治的教養」という観点からとらえ，検討したものである。

　ここでいう「政治」とは，議会政治やそれに付随する選挙のみならず，学校での生活改善や地域社会の改良，日常的な人間関係をも含んでいる。ゆえに，本書における「政治的教養」とは，賢い投票者としての資質・能力だけを意味しない。「政治」が展開されるフィールド，つまり社会全体を多面的・多角的かつ時には批判的にとらえ，自らを社会および政治の主体として位置づけ，社会に参画し行動していこうとする資質・能力として定義づけている。「政治的教養」とは，政治的知識のみならず，政治的に行動できる能力とその態度を併せもった資質なのであって，家庭・学校・地域・国家，そして世界に現れる「政治」についての思考力・判断力，考えた結果を適切に表明するための表現力，そして変化を起こすための具体的な行動力，これらすべてを含んだものなのである。

いっぽうで,「18歳までに育てたい力」を検討する場合,「政治参加を忌避する若者」などに象徴される,紋切り型の子ども像もまた改められる必要がある。若者たちをとりまく社会環境は,過酷なものへと変容して久しい。子どもたちは既存の社会に適応するだけでなく,その組み換えをめざした行動も求められることとなる。現代社会に生起する諸課題に対して,まず大人たちが解決に向けた第一義的責任を負うことはいうまでもないが,子どもたちに対して,子どもだからこそ考えてもらいたい課題も少なくない。授業において,これらの諸課題を取り扱うのは,私たち主権者と未来の主権者がともに手をたずさえ,問題解決への糸口を探るためにほかならない。

よって,本書では,子どもたちを「未熟な存在」として単なる「教化」の対象とはしていない。18歳を迎えるまでの間,子どもたちが生活の大部分をすごす教室空間は,どのような状況になっているのか。そのほかにも,学校をとりまく地域社会の実情や家庭の現状,子どもたちをとりまく社会環境などが分析・検討される必要がある。日々,教室に集う子どもたち自身が,どのような困難をかかえ,同時に可能性を含みながら,今を生きているのか。学校・教室で学び,そして,主権者として成長したとき,どのような資質・能力が求められるのかも検討されなければならない。

本書では「子どもの生活現実」「地域社会」「市民社会」という三側面から今日の社会的環境の特質と変化をとらえ,主権者に求められる資質・能力を考えようと思う。これらの諸側面に即して三部構成とし,各部には理論的な諸論と実践的な諸論をそれぞれ配置した。

「第1部　子どもの生活現実に根ざす主権者教育」は,学校・学級の公共性,子どもの意見表明権を取り扱う理論編と,地域におけるごみ処理問題,外国人労働者受け入れの問題,困難をかかえた生徒と向き合った教育課題校での実践を取り扱う実践編で構成される。

「第2部　主権者教育と地域をつなぐ」は,地域社会の担い手を育てる過去の社会科教育実践をふまえたうえで,過疎地域の課題をとらえるための枠組み

を示した理論編と，地域における防災教育，指定廃棄物受入をめぐる模擬住民投票，学校と地域が結ぶ復興教育について取り扱う実践編で構成される。

「第3部　変貌する社会と市民性」では，シティズンシップ教育および「特別の教科　道徳」，高等学校公民科新科目「公共」と社会科の関係性，韓国における市民教育の動向を取り扱う理論編がある。加えて，いじめ問題を扱った法教育，民主主義を問い返す批判的思考力育成，模擬裁判を用いた司法学習，難民問題からみた国際理解教育，民主主義の歴史について考える世界史教育について取り扱う実践編で構成される。

各部では「政治的教養」育成の観点から，小学校・中学校・高等学校の各学校段階に応じた実践が示されている。これにより，学校段階ごとに異なる授業の現実をふまえながら「18歳までに育てたい力」が具体的にみえるようにするとともに，小・中・高を貫く「政治的教養」育成カリキュラムとしてもみることができるようにした。

さらに各章では，「公共性」「家族」「人口減少」「人権」「学力格差」「復興教育」「学校行事」「いじめ」「生徒会活動」など，社会科教育のみならず学校教育全体でも課題となるテーマを取り扱っている。これにより，各テーマに応じた資質・能力の育成のあり方も検討できるようにした。

18歳選挙権の時代，どのような政治的教養を育てるべきなのか。

本書は，東京学芸大学社会科教育研究室に関係する人々により，細々ではあるが継続的に議論を積み重ねてきた，不十分ながらもその「答え」である。

小瑶 史朗・鈴木 隆弘・國分 麻里

目　　次

第1部　子どもの生活現実に根ざす主権者教育

第1章　学級・学校の公共性と主権者教育としての課題 …………………… 1

第2章　子どもの意見表明と民主主義
　　　　　―「つくられた家族」の授業実践をもとに― ………………… 13

第3章　自分たちのくらしの問題として受けとめるために
　　　　　―小学校4年『健康なくらしとまちづくり～ごみはどこへ』― … 24

第4章　人口減少局面の日本社会における主権者のあり方
　　　　　―中学生が向き合った外国人労働者の人権問題― ………………… 36

第5章　「困難をかかえた高等学校」の現場から
　　　　　―高校生の生活現実と向き合う歴史・社会科教育― ………………… 46

第2部　主権者教育と地域をつなぐ

第6章　社会科教育史からの政治教育への接近 ………………………… 57

第7章　地域に生きる力を育てる社会科授業
　　　　　―地域問題克服に向けた「つながり」の視点― ………………… 67

第8章　地域の一員としての自覚を高め，防災対策にかかわる態度を育てる授業
　　　　　―小学校4年「地震からくらしを守る」の実践から― ………… 79

第9章　地域課題の議論を通して批判的投票者を育てる政治学習
　　　　　―指定廃棄物の長期管理施設建設候補地選定問題を題材に― …… 89

第10章　地域との「つながり」意識をどう育むか
　　　　　―伊豆大島における学校と地域をつなぐ復興への布石づくり― … 97

第3部　変貌する社会と市民性

第11章　シティズンシップ教育を問い直す ………………………… 107

第12章　「特別の教科　道徳」と高等学校公民科「公共」を考える … 117

第13章　韓国の学校教育における市民教育 ………………………… 127

第14章　権利意識と思いやる力を育てる
　　　　　―いじめに対する法教育からのアプローチ― ………………… 137

第15章　批判的思考力を身につける社会科授業づくりの視点 ……… 146

第16章　司法学習における主権者教育 ……………………………… 155

第17章　グローバル化する世界と市民性 …………………………… 165

第18章　民主主義の「意味」を探究する世界史学習のカリキュラム … 175

第1部 子どもの生活現実に根ざす主権者教育

第1章　学級・学校の公共性と主権者教育としての課題

第1節　「二つの国民論」の視座

　小熊英二（歴史社会学）は，19世紀英国首相ディズレーリの発言を引用し，次のような指摘をしている。

　　「現代日本も『二つの国民』に分断されている。そのうち『第一の国民』は，企業・官庁・労組・町内会・婦人会・業界団体などの『正社員』『正会員』とその家族である。『第二の国民』は，それらの組織に属していない『非正規』の人々だ。（中略）『第二の国民』彼らは所得が低いのみならず，『所属する組織』を名乗ることができない。そうした人間にこの社会は冷たい。関係を作るのに苦労し，結婚も容易でない。[1]」

　小熊の指摘は，現在の日本の状況を的確に表現し，「所属する組織」を名乗ることができないことにより，社会的な自己実現が制限されている人々の状況をとらえている。たとえば，結婚も例外でない。非正規就労者の婚姻率の低さも厚生労働省の調査で明らかにされている（厚生労働省『社会保障を支える世代に関する意識調査報告書』2010年7月）。問題は，こうした状況を，いわば隠ぺいしてしまう大手メディアや学校教育の情報発信のあり方，伝達内容の偏りにもかかわっている。学校での教育内容（教科書）・方法などは，多くは「第一の国民」目線で進められてきたのではないか，という疑義である。だからこそ今日の課題は，「第二の国民」目線での情報提供がより自然にさまざまな局面でなされ，学校での教育内容・方法を再検討していくことが不可欠ということになろう。当然に，導入されるアクティブ・ラーニングも，「第二の国民」目線が重要視されるべきと思う。

　「第二の国民」目線で語るということは，二つの問題提起にかかわる。第一

点は，学校教育において，より一層今日の政治や経済，社会の問題性にもふれ，ときには社会批評や批判となることも覚悟することである。主権者教育としての政治教育を考えるとき，現政権の批評をも含む話し合いが不可避となるかもしれない。このように「第二の国民」目線を重視するということは，積極的に批判的な政治教育が学校現場にも持ち込まれるということである。

第二点は，「第二の国民」目線ということは，格差・貧困に起因するだけではなく，さまざまな社会的マイノリティー，弱者をめぐる問題にも連なる課題でもあろう。いわば政治や経済，社会から疎外された人々であり，その子どもたちである。あるいは，そうした現実に寄り添おうとする教師や子どもたちの発想である（本章後半部の実践）。すべての子どもたちが自己の「意見表明」ができることが，主権者として育つうえでなによりも重要と考える。

本章では，上記したような問題意識を前提に，小・中・高等学校を通した社会科を支える理念や内容・方法をどのように再構築するかを考えたいと思う。そのことが主権者教育として社会科教育が果たす重要な役割であると考えるからである。ただ，その際に検討しなければならないのは，子どもたちが学ぶ空間＝学級・学校のあり方が近年大きく変化している事実についてである。その点を軽視した主権者教育やシティズンシップ教育の主張は，いわば砂上の楼閣となってしまうことを危惧するからである[2]。

第2節　主権者としての教育—政治的リテラシー育成の課題

(1) 政治的教養の課題

これまで委縮していた「政治教育」を，シティズンシップ教育の中核に位置づける動きがある[3]。日本学術会議による「提言」は，1969年・文部大臣通達（「高等学校における政治的教養と政治的活動」）以降の学校における政治教育の制限が，政治的教養の教育を不活発にしたと見なした。学校において政治問題をもっと積極的に取り入れる政治文化の醸成への転換が，18歳選挙権の導入によってにわかに活性化しつつある。委縮することなく，政治的教養の教育をどう受け止めていくのか，社会科教育にとって緊急の課題である。

2　第1部　子どもの生活現実に根ざす主権者教育

（2）政治的リテラシー教育としてのシティズンシップ教育

　日本におけるシティズンシップ教育を牽引してきた小玉重夫は，ハンナ・アレントの公共論に依拠して，政治的リテラシー育成のための教育を構想している。アレントは，近代社会を「公的な領域」と家庭生活などの「私的な領域」が混在化し一体化した意味での「社会的なもの」が生まれた時代ととらえる。その「社会的なもの」が，結局は「公的な領域」を侵害し，政治的な開放性・公共性をも奪いさるとの論理で，彼女の危機意識が表明される。この観点に基づいて小玉は，今日の学校教育について次のように指摘する。

　　「これまでの学校教育には，市民としての政治的な自立も職業人としての経済的な自立も，両方とも子どもたちに保障することが期待されてきた。そのことで，学校の機能が肥大化し，教師の仕事に負担を強いてきたことは否めない。そこで政治的な自立の課題と職業的な自立の課題を，関連し合いながらも相対的に別個の性格をもつものとしていったんは分節化してとらえたうえで，公教育の教師の仕事を，主として政治的な自立の課題に焦点化することを考えるべき時が来たように思われる。[4]」

　ここでいう政治的な自立とは，認識と実践との間の乖離に対して，それらをつなぐものとしての政治的判断力が想定される[5]。つまり政治的な自立をうながす教育環境こそ，今日もっとも必要だと説く。学校教育も政治的諸問題に関する「批評空間」としてとらえ，子どもたちが「脱構築化」していくことを課題としている。そのためには子どもたちの「政治的判断力」（政治的リテラシー）を養う教育こそ重要だとの主張になる。自由で多様・多価値的な議論が交錯する「批評空間」としての学校は，成熟した判断力を有する素人としての市民（シティズンシップ）を社会に送り出す役割を担っている，という[6]。

　政治的リテラシー育成のモデルは，1990年代後半のイギリス・労働党政権（ブレア首相）下で展開されたシティズンシップ教育やその理論的基礎となった「クリックレポート」に根拠している。1990年代後半の「再生」労働党のブレア政権は，給付ではなく，労働機会の均等化というマンパワーに期待した福祉国家の再生を課題として市民教育を位置づけるのである。政治的論争問題こそ，

政治的リテラシー育成の中核に設定されるべきととらえている[7]。

　ところでハンナ・アレントは，ナチズム期のドイツを「全体主義」ととらえ，その「全体主義」に抗する公共空間としての政治的な自由の意義を説く。小玉も，今日の日本の学校も，全体主義に通じる「批評空間」が欠如した状態にあることを問題にする。スクール・カーストのような学校・学級の閉ざされた抑圧空間の問題を指摘する。だからこそアレントの論が現代でも意義をもつと考えるのである。つまり小玉も，今日の学級を，多様性の否定，私的領域の課題が混在した空間と理解し，そこに自由な「批評空間」を構想していたといえる。それゆえに「政治的論争的問題の学習」「多様な価値の相互の承認」「民主的な議論の作法の習得」「一定の合意を形成する相互行為性」「変容」などが授業場面で具体的に求められるのである。以上が，今日の政治教育の理論的到達点の一つとみなすことができる。

　そのうえで小玉が指摘する学級の閉鎖的・抑圧的側面のもとで，どのように教室を解析し，また学ぼうとする（学ぼうとしない）子どもたちの内面葛藤がどのように克服されていくかを考える必要があろう。それは学ぶ空間＝学級・学校のあり方が近年大きく変化しているからである。

第3節　主権者教育の基盤としての学校の公共性
―教室という公共空間を巡って

　「第二の国民」の可能性を秘めた子どもたちを組み込まなければならない公共空間としての学級・学校の課題について，私的領域を排除するアレントの公共性論とは異なる観点から考察するのは石戸教嗣である。石戸は，ニコラス・ルーマンのシステム論に依拠して，今日（2000年以降，現在）の急激な新自由主義経済のもとで進行した格差・貧困を核とした子どもたちの心的影響を直截に分析，理論化している。つまり今日の学校の公共性の課題は，福祉国家論やラディカル市民主義などの旧来の対立軸ではとらえきれない「私的領域」が拡大した問題性として位置づけるのである。

　たとえば，象徴的な例が「学級崩壊」である。学級崩壊＝児童・生徒が「教

室空間を公的空間としてではなく，私的空間とみなすことにおいてもたらされる学校秩序解体の現象と解釈することもできる[8)]」と考える。そのことは，「公共空間たる学校は個人的私性によって浸透される場となっている」，「学校は家族（という私性）の病理が浸透する場ともなっている」と指摘する。同様の事例が，「不登校問題」である。不登校の児童・生徒の多くは，「家庭の問題」が指摘される[9)]。とくに貧困の問題，ひとり親家庭の問題が指摘されている。

　ここからみえてくることは，教室に循環する教育のサブシステムに「気乗りする」「気乗りしない」にかかわらず，そのサイクルに消極的にしか参加しなくても，授業や学校生活が「なんとなく」成立している状況があるということである。そして，その適応さえ困難になった場合，ときには「学級崩壊」「不登校」などの一因や背景になるということである。石戸は，教育システムの大きな価値である「勉強ができる」「成績が良い」ということも，その子が教室での存在感を感じることにはならないという。この点では，のちほど検討する古家実践にみられる教室の主流的な考え方や雰囲気に違和感や反発する子どもたちの動きと関連している。

　なんとなく消極的な後ろ向きの態度でも学校に通うことはでき，満足しなくとも学級ですごすことも可能である。学校において子どもたちの内面がみえにくいのは，そういった日常があるからであろう[10)]。

　石戸の教育論は，「自己にはじまり自己に還っていく」という意味で，自己完結的な教育としての「再帰」型教育と，教育が社会の目的を実現するためになされるのではなく，それ自体に向けてなされる「自己準拠」型教育を考えている。この両面において教育システムへの適応と個人の主体性の問題を理解し，「再帰型教育」と「自己準拠型教育」に依拠して展開する必要を主張する[11)]。

　ここから示されることは政治的リテラシーを育てる教育を進める場合でも，単に教師が興味深いと思う論争問題を取り上げても，子どもたちが参加意識をもてるかどうかを考慮する点がとても大事ということである。つまり自己の生き方や考え方，理想などとの接点がもてる社会問題の教材化が，子どもたちに意味を見いだせる学習となっていくのであろう。

第1章　学級・学校の公共性と主権者教育としての課題　5

そのために，「すべての子どもたちの意見表明をいかに保証するか」「自己肯定観を育む学級環境の存在＝自他の認め合いや相互承認」「多様な感情や考えを包摂する安定した空間」「民主的な議論の構築-多様な価値観の包摂」「社会的問題における当事者に対する共感的接近の必要」などが考慮されていく必要があろう。このことが，遠回りであるが「自己表明できる主権者」として育つと考えられる。発言を支えているのは，発言の是非は別として，発言自体を受け入れていく人間関係＝コミュニケーションの基盤の有無である。竹内章郎の指摘する自立しなくてよい弱さ，だから相互の助け合いの人間関係が不可欠という発想である[12]。

　以上，私的領域と公的領域が混在する場となっている今日の学級や学校の問題を検討してきた。なお，教育課題が山積した高等学校での実践については，別稿で論じている[13]。

第4節　自己表明できる授業の実相
―「第一の国民」を乗り越える実践をどう構築するか

(1) 私たちの「思考」をめぐって

　ここでは，主権者として育つ過程を考えるために，ある教育実践を分析したい。取り上げるのは古家正暢実践―中学校3年生の公民の「水俣病」の授業（東京学芸大学附属国際中等教育学校3年生）である[14]。

　小・中・高等学校を貫く社会的思考に，次の二つの観点で示した。

A「自己の内側からの思考」（以下，「Aの思考」）…個人の感性や生活経験，価値などから社会問題や当事者とつながる思考。

B「自己の外側からの思考」（以下，「Bの思考」）…客観的な事実認識や社会の構造，いわば社会認識といわれる部分

　社会問題の接近には，この「Aの思考」と「Bの思考」の二つの思考を絡ませていくことが重要という観点で実践共同研究を進めた。そのなかの一つの成果が，「水俣病」の古谷実践である。

(2) 水俣病の授業の概要

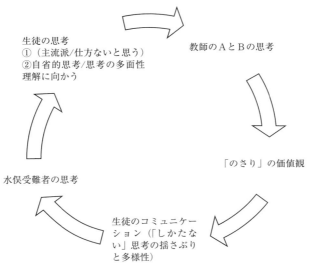

図1.1 古家実践の展開された学習サイクル

以下に，実践の概要と学習サイクル（図1.1）を簡潔に示していきたいと思う。

① 古家は，現地調査を何度も行い，水俣被害者（受難者）との交流をもってきた。こだわりをもち古家自身が「Aの思考」を通して，徹底した患者側の視点での教材化を進めた。
② 漁民（患者たち）たちの「のさり」（水俣病被害も天からの授かりもの，という一種の「ゆるし」の考え）という思想にふれ，その人間的（解放）深さを知る。そこから水俣問題を被害とともに，そこに生きる人たちの主体（思想）形成という観点で考えたいとの思いを強くした。
③ しかし生徒のなかに，のちにみるような公害病の被害者が出ることはよくはないが，一方で日本の発展のためには「犠牲も仕方ないんじゃないか」との発言があり，同調する生徒が少なくなかった。教師の教材接近の思考と「被害者」という当事者性を欠落させた考えとの間に，とても大きなずれが生じていた。その意味で授業のコミュニケーション・サイクルの中断傾向にあった。
④ 古家は，再度②の視点に立つことの意味を生徒に訴えた（「のさり」の思想）。改めて考え直す生徒もみられたが，反応はこの時点ではよくなか

った。この授業の特徴は，教師自身が，社会問題に対する患者側に立つという価値的な立場を鮮明（「Aの思考」）にして生徒に対峙したものである。教師自身の価値観を出せるというのも中学3年生という段階における特色であろうか。だからこそ，生徒自身が，やや身勝手な思いつきかもしれないか，自由に本音で意見表明ができる空間を構成することができている。

(3) 子どもの意見との葛藤 (2015年11月4日の実践)

5時間程度の授業であるが，前時には理科の専科教員による有機水銀の授業が組み入れられていた。そのうえで本時の次の授業場面が特徴的であった。その場面を簡単に再現してみよう。

犠牲を払うことで，今まで日本はこう色々な面で発展してきたと思うから，…そう考える時，願いとしては繰り返してほしくないけど，犠牲を払うことで発展できるんだから，結局，人間は自分たちの利益しか考えないものだから，これで仕方ないんじゃないかと思う。〈昨年度生徒の発言〉

以上の資料を読み，次のように展開された。

　ⅰ. 古家　（静寂）水俣病の患者さんも「仕方ない」と思う人と違和感をもつ人がいると思う。どうですか。
　ⅱ. 古家　「仕方ない」になるほどと思う人手を挙げて。
　ⅲ. 生徒　18人，クラスの半数が挙手
　ⅳ. 古家　違和感をもつ人（少数だが）。それじゃS君。
　ⅴ. Sさん　こうした問題を見過ごしていいのかなと思う。
　ⅵ. Tさん　疑わしいことは，確実に科学的に判明しなくても，がんばれば途中で止められたはず。さらなる被害の拡大は防げた。
　ⅶ. Kさん　資料の「仕方がない」とは少し意味がちがうが，未来のことはわからないのに，企業は変えないほうがよいと思い続けた。(因果関係が)確実でないので企業は変えようがなかった。
　ⅷ. 古家　「仕方ない」にものすごく違和感をもっている。それで患者さんの松永さんにお会いして話をさらに聞いた（松永さんの解説）。君たち，もし松永さんがこの教室に見えたら，やはり「仕方ない」

とみんな言える。

ix. Kさん　それは感情論の問題じゃないのか。

x. 古家　感情論の問題ね。〈やや戸惑いの表情〉

xi. 〈どうしたら被害の拡大を防げたのか，考えさせる―グループでの話し合いを促す〉

xii. 〈多くのグループで，「仕方ない」をめぐっての話し合い，思考継続させている様子。未然予防を議論するグループもある。〉

xiii. 〈一人の生徒に発表を促す―未然予防について発表する。〉

xiv. 古家　未然予防の考え方の重要さをまとめとして解説する。本時の議論を振り返る。

　水俣病問題をめぐる古家の授業の核心部分は，以上のとおりである。昨年の発言を乗り越えるために，古家は被害者たちの当事者性を大切にし，理科教員との協力を図り，そして難解だが哲学的な「のさり」の思想に力を入れてきた。しかし予想外の「仕方ない」の壁に困惑したのである。ただKさんの発言にあるように，「仕方ない」の発想は，当時の科学的証明の不確かさに原因を求め，工場も止められない判断を下したというものである。ここには単に「仕方ない」ではなく，当時の「客観的な状況」を根拠とした発言となっている。ここにみられる論理は，近年でも福島の放射能汚染問題とも共通し，原発の安全神話を根拠とする論理と共通している。しかし患者さんたちの立場に視点をおく古家の発想には，この二つの「仕方ない」は同質の問題として受け止めているようである。

　コミュニケーションのサイクルを維持するには，古家の授業も「Bの思考」に求め，リスクにおける「予防原則」の議論へと転換させていった。20分程度の時間であった。しかし，ある生徒（OさんとTさんの意見）は授業について，次のように振り返っている（下線は筆者）。

【Oさん】　僕はA市に住んでいた時に，家の近くのセメント工場の影響で喘息を患ったこともあり，犠牲者の気持ちが少しだけわかるような気がしたのです。一部は地域発展のためと認めてはいるものの，ぼくは健康被害については激しい怒りをもっています。これから未来を創

っていく私たちが他のいのちを見捨てても発展をとる考えをもっていることに恐怖を覚えました。支え合っていくべき世界の理想と人間の考え方の間に根本的なギャップがありました。

【Tさん】　確かに経済を発展させるには新しいことに挑み，リスクを負わなければならない。しかし，たくさんの人が犠牲になったり，苦しい思いをしたのに，それは「仕方ない」の一言で片づけてしまっていいのだろうか。私はたった一言で済ませてはいけないと思う。毎度「しかたない」で済ませてしまえば，同じことは何度でも起きる。だからこそ，私たちが公害について知り，そして次世代にも公害がもたらす恐ろしさを伝えていく必要がある。

　この授業は，生徒たちにとって，怒りとか矛盾，大人社会のご都合主義，科学研究のあり方への疑問など，さまざまな感情と疑義を生徒たちの頭に描きだしたことを示すのである。その点で，図1.1の学習サイクルにみられるように，教師と子どもたちの主流とは異なる意見に接し，多くの子どもたちの思考が内省的に深められる場面もあった。意見が変化しなくとも多面的に考える循環である。

(4) 実践の意味

　古家実践を公共空間での授業であったかという観点で検証してみよう。

　① Ｓさんが「それは感情の問題」と言い切った背景には，水俣の患者さんという当事者の前では「しかたない」とは言えない，という本音のことである。このことは，他方では「Ｂの思考」(「客観的」)に従えば，水俣被害(福島放射能被害も)を止めるには科学的証明・根拠明示が不可避なのだとの判断がある。単純に日本の産業発展のためには「仕方ない」から，さらに深め「Ｂの思考」で迫ろうとし，合理化していると思われる。ここからは「Ａの思考」という被害者との対話や共感よりは，「Ｂの思考」だけで社会問題に接近しようとする傾向を見ることができる。思考と呼べるまで昇華していないままの感覚的判断といえなくもないが，多くの生徒たちを包摂する思考である。他方で，改めて個々の人間的共感，経験的理解や価値観，人間観などは，未来を見据えて思考する場合には重要な思考様式であることを私たちに示している。

②「仕方ない」あるいは因果に関する科学的証明の限界論という判断は，生徒たち個人の感性や経験，価値観，思考傾向から発したものではあるが，それは個人の「身勝手さ」に起因すると見なすことはできない。私たち大人社会の下でも，同様の発想があり，ここには明らかに現代社会が内包する問題性が影響しているようである。公害問題に対して，以前ならばもっと患者さんに対して共感し，政治や経済に対して批判的見解が出されたと思う。社会的連帯の思想，被害者への共感する感覚が，薄まりつつあるように見受けられる。今日の新自由主義経済がもたらす不安定さへの危惧や，それを乗り越え，勝ち組になるために勉強の目的性が心にあるからであろう。他者を思いやることを意識しながらも自己肯定の保身の論理を求めるのであろう。そうした自己保身は，自己責任を強いる社会構造に原因があり，子どもたちにも影響していくのではなかろうか。ある実践家が「高校の授業でシリアの現状の問題をいかに取り上げても，生徒たちは『シリア難民』を日本でも受け入れるかと問うと，それは一応にいやだという立場だった」ことに嘆いていたという。これは今日の大人たちの国際意識と共通するものであろう。人と人が手をつなぐことを拒絶してしまう，という危機が子どもたちの世界にあるのかもしれない。この点にこそ正面から主権者教育は迫るべきと考える。こうした現実に向き合い，乗り越えるコミュニケーションの連鎖が，【Oさん】や【Tさん】のような当事者意識を内面化し，当事者と対話する思考をつくる。授業は，この思考を再度組み込むことが求められているといえる。そこにこそ政治的リテラシーが育つ場面であると思われる。

　古家実践は，子どもたちを覆う「自己保身」的な発想の傾向（壁）に挑戦したものであった。主権者を育てるとは，上からの目線でそれを目的化して授業を構成していくことではない。そこでは，子どもたちの現実的な思考があり，それに向き合う政治問題や社会問題に対するコミュニケーションが展開される。そのコミュニケーションの連続のなかに，多様な価値観も包摂され，相互に承認されてくことが重要である。また教師の立ち位置も重要で，客観的な立場でなく，教師自身の「Aの思考」も必要になる。その意味では，主権者教育とし

ては，自己の頭で考える思考の大事さ，「Ａの思考」のように「当事者意識」をいつも考えること，多様な価値観を包摂する学習の組織，そしてどの子も意見表明できる環境が重要である。

［坂井 俊樹］

■注
1) 「論壇時評」『朝日新聞』2016年5月26日付朝刊
2) 市民科を推進したイギリス新生労働党ブレア政権は，給付よりは，労働を通じた社会保障をめざす福祉国家を標榜していた。そこにはセーフティネットを講じての新自由主義のシステムとは異なり，すべての人々に労働を通じた自己実現を目指したのである。そうした国家目標を前提に市民教育が推進されたことの意義は大きい。つまり政治リテラシーの教育も，政治的論争問題を通じた教育にとどまるものではなく，どのような社会（新自由主義・新保守主義からの離脱）をめざすかの基盤の上に展開されていたかを理解する必要があると考える。
3) 日本学術会議「提言18歳を市民に―市民性の涵養をめざす高等学校公民科の改革―」2016年5月16日，日本学術会議，心理学・教育学委員会
4) 小玉重夫（2013）『難民と市民の間で―ハンナ・アレント「人間の条件」を読み直す―』現代書館，p.115
5) 同上，p.136
6) 同上，p.160
7) 小玉が委員長を務めた(3)の「提言」では次のように説明される。「クリックによれば，政治の本質は，対立の調停や異なる価値観の共存にある。異なる利害や異なる価値観を持った人々がどのようにして共存し，暮らしていけるかが，政治の主要な関心になる。そして，そのような異なる価値が対立している場合に，論争的問題での争点をいかに理解するかに，政治的リテラシーの核心がある」。この点は，小玉『教育政治学を拓く―18歳選挙権の時代を見すえて―』（勁草書房，2016年）を参照されたい。
8) 石戸教嗣（2003）『教育現象のシステム論』勁草書房，p.16
9) 同上，pp.4-5
10) 吉益敏文「子どもの心の声と子ども理解―私の教育実践を通して―」（日本臨床教育学会編『臨床教育学研究』第2巻，2014年4月）などを参照。
11) 石戸教嗣・今井重孝（2013）『システムとしての教育を探る』勁草書房，pp.9-11
12) 竹内章郎は，「私たちの生活のもっとも基本的なところでは，『他人に頼るべきではない，自立せよ』という感覚は間違いだということです」と語る。私たちの世界は，商品交換を行う市場だけで成り立つのではなく，市場に依存せず直接の人間関係の中で助けたり助けられ，迷惑をかけあったりの相互の人間関係が一杯あるのです。という。そこに私たちが弱い存在であるからこそ，助け合うという共同性，その感覚が必要と訴える（『新自由主義の嘘（双書哲学塾）』岩波書店，2007年）。
13) 坂井俊樹「高校生達の『生きる日常』と社会の認識―ある『自己形成史』の実践から学ぶ歴史教育への視点―」東京学芸大学社会科教育学会『学芸社会』第31号，2015年7月。同『市民育成と社会科授業の課題―最近の学級・公共圏の変質にどう向き合うか―』韓国社会科授業学会『社会科授業研究』第3巻2号，2015年12月
14) この実践は私たちの共同研究のなかで展開されたものである。実践の詳しい内容は，古家「第8節『犠牲』なき社会を構築することは可能か」（坂井編著『社会の危機から地域再生へ―アクティブ・ラーニングを深める社会科教育』東京学芸大学出版会，2016年）を参照されたい。

第2章 子どもの意見表明と民主主義
―「つくられた家族」の授業実践をもとに―

第1節　民主主義を身につける最初の一歩

　2016年7月の第24回参議院選挙から，選挙権年齢が満20歳以上から満18歳以上に引き下げられた。表2.1にみるように，18歳と19歳の投票率はそれぞれ51.2%と39.7%であった。若年層の投票率は上の世代に比べて低調な傾向にあるなかで[1]，高校生が含まれる18歳の投票率が過半数に至ったことは注目に値する。学校教育がこれを押し上げた可能性があると思われる。

表2.1　第24回参議院議員通常選挙年齢別投票率（抽出調査）

年齢(歳)	18	19	20-24	25-29	30-34	35-39	40-44	45-49	50-54	55-59	60-64	65-69	70-74	75-79	80以上	全体
投票率(%)	51.2	39.7	33.2	37.9	41.9	46.4	50.3	55.1	61.5	65.0	68.2	71.7	73.7	70.1	47.2	56.1

注）総務省発表の「年齢別投票状況」(http://www.soumu.go.jp/senkyo/24sansokuhou/)の結果をもとに筆者作成。

　いっぽうで，どこに投票したらよいかわからなかったり，自分の選択に自信がもてなかったり，一票を投じても何も変わらないと思った人もいるかもしれない。上野千鶴子は，「主権者には『間違う権利』もあるが，だからこそその結果を引き受ける責任もある。自分の運命を他人任せにしない，ということが民主主義の核心にある」と述べたうえで，「民主主義は選挙や国会の中だけにあるのではない。ものごとを取り決める過程のすべてに，民主主義という道具は関係する。それならその道具に習熟するには，子どものときから，家庭や学校や地域のすべての場所で，民主主義を学んで身につける必要があるのではないか」と問いかけた。同時に上野が口にするのは，「いまのあなたの家庭や学校に，民主主義を学ぶ機会はあるのだろうか」という心配である。「家庭のなかで，学校のなかで，地域のなかで，話し合いをすること，異見を言うこと，

異見に耳を傾けること，少数意見を排除しないこと，話し合いの前と後とで，自分と相手の意見が変わること（中略）そういうテマヒマのかかるめんどくさい過程を経て，かかわる人たち全員が納得できる意思決定が行われる経験を積み重ねなければ，民主主義は身につかない」ものだからである[2]。

　本章は，学校において子どもが民主主義を身につける最初の，重要な一歩について考えたい。注目するのは，子どもが意見を表明することである。一人ひとりが，集団生活に参加しながら「自分の運命を他人任せにしない」ためには，意見／異見を表明することが必要なはずだ。本章は，小学校における授業実践のドキュメンタリー映像を分析することを通して，子どもが教室で意見を表明するようになるプロセスと，それを支える教師の働きかけについて明らかにするとともに，あらためて子どもの意見表明の意義を考察する。

第2節　分析視角—意見表明権と「保護」からの解放

　本章における意見表明とは，子どもの権利条約[3]の第12条1項において，子どもの権利として掲げられたものである[4]。

　　第12条　1　締約国は，自己の見解をまとめる力のある子どもに対して，その子どもに影響を与えるすべての事柄について自由に自己の見解を表明する権利を保障する。その際，子どもの見解が，その年齢及び成熟に従い，正当に重視される。

　日本社会に目を向けると，子どもは手厚く保護され，すでに自由に（ときに十分すぎるほど）意見を表明しているとみる向きもあるだろう。しかしながら，大田堯は，両親と子どもがテーブルをはさんで食事をしている「誰が見ても平和で楽しい風景」を想定しながら，その背後に隠れた大人と子どもの関係性の構図を喝破した。「でも，それをよく見ますと，テーブルの片方に，もっぱら保護の立場にある両親が座っている。テーブルの反対側には，もっぱらあてにされない被保護者，いわば『子どもの世界』という大人がつくった人工の『保護区』に押し込められた無権利状態の子どもがいる。そして，そのテーブルの上には目に見えないアパルトヘイトの壁がおのずからできています。大人世代

と子ども世代との間のアパルトヘイトの壁は，こういう身近なところ，日常的な場の中にあるものです。この壁を取り除くことなしに，子どもの権利は成立しないと思います」[5]。大田は，「子どもの生存と発育とを保護するための数かずの国ぐにでの施策の歴史」の意義を十分認めたうえで，これら先進的な子どもへの対応にあっても，「大人たちの既成の政治や経済，文化の枠組みはそのままにして，そこでの弱きもの，被害者としての子どもを保護し，救済しようという発想」[6]が多いことを問題化したのである。

　山本雄二は，大田の議論を受けて，子どもの意見表明権の理論的意義を，「保護」[7]からの解放にあるとし，次のように述べている。「公共空間における主体として成長していく場は公共空間以外にないという意味では，どんな成長段階においてもその時々に子どもは公共空間に招きだされなくてはならないし，そこでみずから他者に働きかけ，他者から働きかけられる経験を積み，その結果に対して責任を負う経験を積む必要がある。『子どもの権利条約』における『意見表明権』にはこのような強い意志が込められているように思われる」[8]。

　以上の議論をふまえれば，子どもの意見表明権は，子どもを「保護」から解放し，公共空間における主体として成長させるための手段である。しかし，そもそも子どもは，被保護者として，衣食住にわたって「選択や意思決定」の機会が限られた存在におかれている。このような状態の子どもが自ら進んで意見表明権を行使するようになるとは限らない。ここにおいて，以下の問いが浮かび上がる。子どもはいかにして意見を表明するようになるのか。そこには，教師のどのような働きかけがあるのか。そして子どもは，意見表明という試みのなかに，意義を見いだすことができるのだろうか。

第3節　教室における意見表明―「つくられた家族」の分析より

(1) 分析対象

　本章では以上の問題に迫るために，神奈川県茅ケ崎市立浜之郷小学校の大瀬敏昭初代校長と森田潤一教諭が2003年9月に行った授業実践（以下，「つくられた家族」）を分析対象に選び，NHKドキュメンタリー「よみがえる教室―ある

学校と教師たちの挑戦」(2004年2月28日放映)の該当部分を文字起こししたものをテクストにして分析する。映像資料には，ドキュメンタリーの作り手による情報の選択，編集，構成が加えられている。本章では，こうした制約を自覚したうえで，大瀬（2004）を用いて，授業の全体像，背景，意図などをできるだけ捕捉するよう心がけた[9]。この実践は，すでに別稿で一度取り上げたが，子どもの意見表明がもたらした変化については十分に解釈できなかった[10]。本章は，この点について新たな解釈を試みる。

(2)「幸せだったのだろうか」という問い

「つくられた家族」は，闘病しながらも学校改革に挑戦しつづけた故大瀬敏昭校長の「いのちの授業」の一環として，4年生の森田学級の子どもたちに対して「道徳」の時間に行われた。森田は同校に転勤してきて間もない，教職4年目の若手教師であった。まず，授業の概略と背景を簡単に紹介する。江戸時代に起きた浅間山の噴火で，土石流に飲み込まれた麓の鎌原村に，高台に逃げて命が助かった93人の村人がいた。そのなかには一つとして全員が無事な家族はなかった。浜之郷小学校の教師たちは，現地調査を続けるうちに，災害から辛くも生き残った93名のその後の生き方を知る。当時，被害を免れた付近の村主たちは，私財をなげうって鎌原村を支援し，家族再編という荒業まで使って，宿場再興を成し遂げたというのである[11]。その過程で，親を亡くした子どもと，子どもを亡くした親が，強制的に養子縁組を結ばされて暮らすことになった。教師たちは，生存者の子孫の一人にも会い，生の声を聴く。この現地調査のあと，研修部7名と教務主任，森田教諭，大瀬校長の10名の参加者で，授業づくりの検討会が行われた[12]。指導案には，単元設定の理由が次のように記された。家族再編という史実を通して，「家族とは何か」「自分にとって家族はどのような存在か」について考え，「それはもしかして人工的な家族であったにしても，やはり子どもたち自身に自分の家族を肯定して生きてほしいという願いを込めて，本授業を構築したいと考えている」[13]。

しかしながら，検討会で最後まで意見が一つにまとまらなかった案件があった。それは，授業の最後に子どもに問いかける「この再編された家族たちは，

本当に幸せだったのだろうか」という発問の是非である。結局，大瀬が「なぜそこに住んだかではなく，住み始めた生き残りの者たちが，どのように家族を考えていたか，またそれを考えることをとおして，自分の今の家族をどう考えていくべきなのかを子どもたちに問いかけるためには，どうしても『幸せ』を入れる必要」があると判断し，森田が最後にこの発問をすることに決まった[14]。

　しかし，クラスには親の離婚や再婚などで，現にそうした暮らしをしている子どもたちがいる。ドキュメンタリー映像のなかでは，森田が「一見うまくいっている家族でも絶対大なり小なりいろんなことがあるじゃないですか，うまくいってそうだけど本当は辛いとか」と語り，悩む姿が映し出されている。森田は，「幸せだったのだろうか」と聞くことへの抵抗感を大瀬にぶつけるが，大瀬の返答は「一人ひとりの考えを大事に聞いてあげるっていう授業でいいんじゃないかな，ここは。だから一対一でもいいし。ここはゆっくりと時間をとってそれぞれの考えを聞いてあげる」というものであった。

　以下は，映像内の授業場面の一部を筆者が文字起こししたテクストである。ナレーターはNと表記する。

森田　「たとえばある人が家族をつくってくれて，強制的につくっていったっていう。」
N　手づくりの模型を用意した森田さん。親を亡くした子どもが，命令によって他人と家族になるまでのいきさつを，わかりやすく説明しました。ここから，いよいよ自分が他人と家族になったら幸せだろうかと子どもに質問します。森田さんの目線の先には，母親と暮らしている男の子（以下では，Xと表記）もいました。森田さんは自分の質問が子どもを傷つけてしまうのではないかと不安で，問いを発することができません。
大瀬　「最後の質問。」
N　大瀬さんが助け舟をだしました。
大瀬　「十二軒の家族，十二軒のおうち，幸せだったでしょうか。」
子ども　「幸せだった…とは思いません。」
大瀬　「それ聞きたい。」
子ども　「俺，幸せじゃないと思う。」

第2章　子どもの意見表明と民主主義　*17*

子ども 「家族をなくして，家族のところに行きたくて，自殺したかもしれない。」

子ども 「なんか家族がいなくなっちゃったから，なんかちょっとさみしい時もあるかもしれない。」

大瀬 （Xの肩にそっと手を置いて）「自分だったらどうですか。自分だったら。幸せですか？」

X 「は？」

N 大瀬さんが男の子にも声をかけました。

X （ためらっている様子で沈黙）「…」

大瀬 「自分だったらどう？　幸せ？」

X 「…幸せなときもあるけど幸せじゃないときもある。」

N 幸せなときもあるけど幸せじゃないときもあるというつぶやき。

大瀬 「うん。それを言ってもらいたかったんだ。すっごくよくわかる。」

N 大瀬さんはさらに深く聞いていきます。

X 「あんまり声でないから。声でないから。」

大瀬 「俺が言ってあげるよ。」

X 「えっと，なんていうんだっけ。」

大瀬 「さっき言ったこと。自分だとしたらやだけど…」

X 「自分だとしたらいやだけど，三人に決められたことはいやだけど，そこで暮らさないとそのまま死んじゃっていくだけだから，暮らしたほうがいい。」

大瀬 「一人で暮らしていけないんだもんね？」

X 「だから，子どもでも，知らない大人のこととかを聞いて，そこで住んでいったほうが身のためだ。」

大瀬 「うん。うん。一人で暮らしていけない。三人に決められたことなんだけども，そこで暮らさないと暮らしていけなかったんじゃないか。…どうですか。あなただったら。」

Xの隣の席の子ども 「やだけど暮らす。…暮らす。」

大瀬 「いやだけど。」

Xの隣の席の子ども 「暮らす。」

大瀬 「いやだけど暮らしただろう。…ちょっとおもーい話だったけれど，大変考えてくれたように思います。…いいですか，何か，森田先生は。」

森田 （しばらく沈黙したあとで涙を浮かべて，）「…僕自身…，僕が，君たちの親だったら，がんばって生きてほしいなって思う。…思います。」

以上の場面では，たとえ自分の意思とは関係なく強制的に家族を再編された
としても，Xは，「子どもでも，知らない大人のこととかを聞いて，そこで住
んでいったほうが身のためだ」と答えた。大瀬が「うん。うん」と共感し，言
葉を繰り返す様子からは，子どもが一人では食べていけないゆえに，「選択や
意思決定」の機会が限られた存在であるという認識を共有していることがわか
る。それだけではない。Xの意見に耳を澄ましていた子どもも，「やだけど暮
らす。…暮らす」と応答したのである。

(3) 子どもを公共空間に引きずり出す

　以上の場面で，大瀬はXを，教室という小さな，しかし公共の空間に招き
だそうとする働きかけを行った。それはいかなる働きかけだったのだろうか。
Xは，大瀬に「自分だったらどうですか。自分だったら。幸せですか？」と聞
かれたとき，「は？」と不意打ちをくらったような，戸惑った表情をみせている。
このとき，森田は，「いつもは元気に発言している」Xが全然発言していなか
ったことから，「やはり『この家族は幸せだったのか？』という発問は，彼に
とってつらいものなのか」と感じ，Xには答えられないと思っていた[15]。そ
れでも大瀬は，静かに質問を繰り返す。Xはそんな大瀬に促されて，森田の手
記によれば「小さな声で，今まで聞いたことのないような本当に小さな声で」，
答えたのである。森田にとっては，「信じられなかった」「奇跡と感じた」光景
だった[16]。

　以上の場面からみえてきたのは，第一に，子どもが・い・か・な・る意見を・な・ぜ表明
できていないのか，という現状である。「いつも元気に発言している」Xが，
大瀬の質問に対して発言をためらったのは，それが自らに否応なく影響を与え
ていながら，しかも「選択や意思決定」の機会が自分の手にはないような事柄
に対する，意見表明を要請されたからではないだろうか。なぜならば子どもは，
こうした問題に対して，意見表明をこれまで求められてこなかった，あるいは，
その権利を与えられてこなかっただけでなく，「選択や意思決定」に直接つな
がりそうもない意見表明を行うメリットをそもそも見いだしにくいからである。

　第二に明らかになったのは，にもかかわらず，Xがこのような自分にかかわ

第2章　子どもの意見表明と民主主義　*19*

る意見を表明する瞬間がどのようにして生まれたのかというプロセスである。それは，子どもを「保護区」から公共空間に引きずり出すような手法によって達成されていた。そのときの大瀬は，Xの戸惑いの表情にひるむことなく，一見無頓着にもみえるような質問を繰り返した。大瀬があえて土足で踏み込むようなことをしたのは，そうしなければXの意見表明を引き出すことができなかったからだと思われる。しかし，このような手法は，子どもを傷つけるリスクを常にはらんでいる。ゆえに，森田にはできなかったのであり，Xの応答を「奇跡」と表現したことも肯ける。だからこそ，大瀬の何気ない振る舞いのなかには鬼気迫るものがある。このことは逆にいえば，意見表明は，誰彼構わずただなされればよいということではなく，それを受け止めてくれる人と環境なくしては，当事者にとっては周囲から異端視されたり，軽視されたり，無視されたり，非難されたりするリスクのほうが高くなる危険性をも示唆するものである。

　大瀬の「一人ひとりの考えを大事に聞いてあげる」方法とは，一見受け身のようであるが，そうではなかった。同時に，子どもがたとえどんな考えを述べたとしても，それを最後まで聞き取り，受けとめる覚悟と自信なくしては達成できないことであった[17)]。

(4) 子どもの社会的位置づけを変えていく実践

　大瀬の手引きによって，また，鎌原村の子どもに重ねることで，Xは意見を表明した。そうすることで，Xは「保護区」から公共空間に招き出されたのである。そこにはどのような意義があったのだろうか。以下では，Xと周囲の子どもの相互作用に焦点をあてて検討したい。

　まず，両者が共有しているのは，子どもにできるのは大人の保護を甘んじて受け入れるか，死んでいくか，二つに一つという暗黙の前提である。そのうえで，周囲の子どもの「家族をなくして，家族のところに行きたくて，自殺したかもしれない」「なんか家族がいなくなっちゃったから，なんかちょっとさみしい時もあるかもしれない」という発言には，子どもにとって家族は，自分が生まれたところの家族だけで唯一無二という認識が垣間見える。このような認

識枠組みの下では，子どもは家族を選択できない。だから，生家の人々がいなくなることは，家族を失うことであり，「不幸」を意味することになる。

　これに対し，Ｘの言葉は，多くの子どもが多かれ少なかれ乗っている「既存の言説」や「紋切り型の表現」[18]とは一線を画している。Ｘは，鎌原村の子どもの立場を借りて，「自分だとしたらいやだけど，三人に決められたことはいやだけど，そこで暮らさないとそのまま死んじゃっていくだけだから，暮らしたほうがいい」「だから，子どもでも，知らない大人のこととかを聞いて，そこで住んでいったほうが身のためだ」と言った。それは，子どもが生きていくために，被保護者として「知らない大人」の言うことを「聞く」存在に，すべてわかったうえでわが身をおくという選択である。

　私ははじめ，Ｘの発言の意味内容について，子どもは生きるために新しい家族といやだけど「暮らす」しかない，すなわち，子どもには選択権がない，と解釈していた[19]。子どもという存在は依然として，「アパルトヘイトの壁」の向こう側で，「保護」から解放されていないとみていたのである。

　しかし，Ｘの意見表明は，このような硬直した認識をも塗りかえるものとして，再解釈できるのではないだろうか。Ｘは，唯一無二の家族を目的として生きる（「家族をなくして，家族のところに行きたくて，自殺したかもしれない」）のではなく，生きることを目的として新しい家族と暮らす（「子どもでも，知らない大人のこととかを聞いて，そこで住んでいったほうが身のためだ」）という選択肢があることを示した。ここでは，子どもにとって「家族は選択できない」という「常識」を超えて，子どもの本意かどうかは別としても「家族は選択できる」とする認識枠組みが提示されている。さらにＸは，そういう生活も，「幸せなときもあるけど幸せじゃないときもある」暮らしなのだと言ってのけた。これらの言葉は，「選択や意思決定」が限られているとはいえ，自らの運命を他者に委ねているわけではない子どもの立ち位置を示唆したといえる。

　そして，「どうですか。あなただったら」と大瀬に問われ，一人の子どもが「やだけど暮らす」とＸの呼びかけに応答したことの意味はさらに大きい。これにより，Ｘの意見表明は，教室という小さな公共空間において，子どもの社会

第2章　子どもの意見表明と民主主義　*21*

的位置づけとともに子どもの行動を変えていく可能性を秘めた実践としてとらえ直すことができる。

第4節　子どもの意見表明がもたらすもの

　私たちの社会では，少数意見は「持論」や「私見」として処理されてしまうことが往々にしてある。しかし，この教室ではそうではなかった。Ｘの意見表明は，一人の子どもの意見を変えただけではない。Ｘの意見表明が，既存の教室に受け入れられただけでもない。Ｘの意見表明は，「既存の言説」や「紋切り型の表現」から子どもたちを解放し，多数派が乗っている一面的な家族観＝「常識」を部分的に解体したのである。それは，Ｘがこれまでよりも自由に意見を表明しやすい，生きやすい公共空間へと，教室を変えてゆく一歩になるかもしれない。ここに，少数意見が社会を変えていく芽が見いだせる。そして，Ｘとともに，この教室に居合わせた人々は，少数意見を語ることは無駄ではないということも学んだはずだ。それが他者の意見だけでなく，教室を支配していた常識や既存の言説をも解体する瞬間を目の当たりにしたのだから。

　子どもが民主主義を身につけるうえで学校ができることは，以上のような機会を一つでも二つでも子どもに経験させることではないだろうか。たとえ自分が「選択や意思決定」が限られた存在におかれていたとしても，意見を表明することが，周りの環境や人々の認識に働きかけ，現状を変えていく可能性を秘めていることを実感させるのである。それが，学校において子どもが民主主義を身につける最初の，重要な一歩だと考える。　　　　　　　　［金子　真理子］

■注
1) 総務省発表の「参議院議員通常選挙における年代別投票率（抽出）の推移」「衆議院議員通常選挙における年代別投票率（抽出）の推移」によると，2013年の第23回参議院選挙の投票率は52.6％に対し20歳代は33.4％，2014年の第47回衆議院選挙の投票率は52.7％に対し20歳代は32.6％である。http://www.soumu.go.jp/senkyo/senkyo_s/news/sonota/nendaibetu/
2) 上野千鶴子(2016)「民主主義という道具を使いこなす」岩波新書編集部編『18歳からの民主主義』岩波書店，pp.198-201
3) 子どもの基本的人権を国際的に保障するために，1989年の国連総会において採択され，1990年に発効した条約。日本は1994年に批准した。

4）条文は，永井憲一編（1995）『子どもの権利条約の研究［補訂版］』法政大学出版局による。

5）大田堯（1997）『子どもの権利条約を読み解く―かかわり合いの知恵を―』岩波書店，p.101

6）大田 1997，p.16

7）以下では，大田のいう「保護区」の意味で保護という概念を用いるときには，「保護」と表記する。「保護」からの解放は，言うまでもないが，子どもの生存権の保障を放棄することではない。

8）山本雄二（2001）「個性の文法」柴野昌山編『文化伝達の社会学』世界思想社，p.323

9）大瀬敏昭（2004）『輝け！いのちの授業』小学館

10）金子真理子（2015）「子どもの意見表明権の社会的意義―二つの教育実践の分析をもとに―」『子ども社会研究』21 号

11）大瀬，前掲，p.63-72

12）同上，p.70

13）同上，p.76-77

14）同上，p.71-72

15）同上，pp.86-87

16）同上，p.87

17）大瀬は，意見表明によるリスクを子どもに負わせないという意味では子どもを保護しながら，子どもを「保護区」から解放し，教室という小さな公共空間で経験を積ませているといえる。

18）山本雄二（2003）「テクストと主体形成」森重雄・田中智志編『〈近代教育〉の社会理論』勁草書房，p.145

19）金子，前掲，p.83

第**3**章　　自分たちのくらしの問題として受けとめるために
―小学校4年『健康なくらしとまちづくり～ごみはどこへ』―

第1節　「18歳選挙権」と小学校社会科のつながりを考える

　2016年夏の参院選から選挙権年齢が18歳からに引き下げられた。選挙当日まで各メディアでも未成年有権者へのインタビュー記事や特集番組が組まれていた。そこに表れる声は「よく考えて1票を投じたい」「せっかくの権利を大切にしたい」といった得られた権利を積極的に行使しようという一方，「よくわからない」「自分が大切な1票を行使していいのか」。また「自分が1票を投じたところで社会が変わるとは思えない」といった消極的な声も多数上がり，未成年者の投票率にも反映される結果となった。

　この「自分の投じる1票は社会を変える力になり得ない」という意識は，子どもたちが育っていくどの過程で身についてしまうのだろうか。逆に「自分が働きかければ社会の何かが変わる」という意識はどのようにしたら育むことができるのだろうか。水やごみ，まちの安全など4年生の社会科は，自分のくらしを見つめ，そこにかかわる公共事業の役割を知り，新たに知ったことを通して改めて自分のくらし方を振り返る「『市民性』を育む」内容である。筆者は4年生のごみ処理にかかわる学習で市政がかかえる問題に子どもたちが気づき自分たちでできることを模索し他者に発信するという実践を行う機会を得た。この実践が「自分が働きかければ社会の何かが変わる」という意識，ひいては「自分の投じる1票が社会を変える一歩になる」という意識につながる学びの初めの一歩となることを願い紹介する。

第2節　単元「ごみはどこへ」について

　過去のこの単元における筆者の実践を振り返ると，学区のごみ拾いを導入とする公共心・公徳心を問うような実践ではなかったかという反省に行き当たる。

またこの単元で扱う「リデュース・リユース・リサイクル」という言葉も第二次産業からのリデュースがなされなければ市民レベルの3Rは根本解決には到底至らない。ごみについて自分たちが直接かかわれること，改善が図れることを丁寧に追う展開にできないか，また地域の学習材を最大限生かす学習活動ができないかを探り，今回実践を行った。

(1) 基礎調査

　ごみが処理施設で処理されるようになったのは高度経済成長期の生産活動の拡大とそれに伴う市民生活の大転換がきっかけである。初期は「可燃」「不燃」という単純分別でできていたごみ出しが，施設や埋め立て地の処理能力の問題，リサイクル技術の発達，また公害の被害に苦しめられた地域の持続可能性をめざす取り組みなど，ここ50年間ごみ処理の仕方は変化しつづけている。

　神奈川県伊勢原市も初期は「可燃」「不燃」の2分別だったが，不燃の内容が「瓶」「缶」「危険物」「その他の金属」に分別されるようになり，その後「紙パック」「新聞」も分別に加わり，やがて「雑紙」「古着」「廃油」，そして「容器包装プラスチック」と分別収集が進み，現在は11品目21分別となっている[1]。「容器包装プラスチック」の収集が始まってからは，週3回だった可燃ごみ収集は週2回に減った。また事業系ごみであるシュレッダー処理をした紙は畜産農家が家畜小屋の敷き藁に混ぜて使用するため，燃えるごみとは別に回収している[2]。再資源化，再利用に向け，ここ20年程伊勢原市のごみ収集のルールも大きく変化しているが，「容器包装プラスチック」収集の導入にあたっては，1年近く前からの広報活動，一部地域での試験的収集と，行政サイドも「やる甲斐のある」分別収集と市民の協力を期待している[3]。

　現在ごみ収集は，税金収入の範囲では賄いきれない状況にある都市が多いなか，伊勢原市は今も市の予算の範囲内でごみ処理が行える。ただし今のペースで可燃ごみを出し続けると，今後市内の清掃工場が可燃物処理をやめ，共同処理を行っている秦野市の清掃工場のみで2市の可燃物処理を行うようになると個人負担が課せられるようになる。それを防ぐためには一人1.1kg／月のごみの減量を行ってほしいというのが伊勢原市経済環境部の話だ。資源リサイクル

センターや清掃工場での作業では，処理にかかわる人々の地道な作業に支えられている。経済環境部の方の言う，市民負担回避のためのごみ減量についてとくに子どもたちに啓発したいという思いの強さが伝わってきた。自分たちの住むまちのごみ処理に新たな負担が課せられる可能性を伝えることで，子どもたちがそのことをどう思いいかに行動することが望ましいかを考えていく授業を展開することにした。

(2) ごみ置き場にみる地域の実態

伊勢原市民のごみ出しのモラルは決して高くない。この学習が始まって以降子どもたちからは，低モラルの報告をたびたび聞かされた。また夏休み中に出したごみ出しの宿題でそうした現状は皆が認識できた。

清掃工場に行くと，部屋には焼け焦げた電子レンジが置いてある。またこの工場では過去に，焼却炉に大量に混ざったアルミ缶の取り出し作業の際に命を落とした職員もいるという。そのほか収集車のぼや，使い切らない薬品容器による異臭発生事故などがたびたび起きている。資源リサイクルセンターでも必ず禁忌品が混じっているので収集した容器包装プラスチックはまず手作業で仕分けされるが，その禁忌品のなかにプラスチック製品だけでなく刃物類も混じることがあるという。

(3) 学習材として活用した3施設について

学区にあって瓶，ペットボトル，容器包装プラスチックの処理を扱う「資源リサイクルセンター」，一部可燃ごみ，不燃物処理を扱う「伊勢原清掃工場」，そしてやはり学区にある廃油の処理工場「鈴木油脂」。この3施設の見学や講話を学習材として活用することにした。資源リサイクルセンターでは，見学とともに伊勢原市のごみ政策もうかがうことにする。

清掃工場については，地道

写真3.1　地道な手作業（伊勢原市）

な手作業を見ることができる処理工場として伊勢原市の工場を見学先にした。当日は点検日だったはずの焼却炉も稼働しており，不燃物処理の現場でも一つひとつの処理工程や最終処分地などを丁寧に説明してもらった。

「鈴木油脂」は県内唯一の廃油処理工場である。各地域で集めた廃油を精製し主に車の燃料にして廃油を提供した市町村に返したり，工業製品の原料にして工場に卸したりしている。利益追求だけでない環境保全を起業理念とした企業の存在や廃油が何に生まれ変わるのか，話を伺う意義は大きいと考えた。

(4) 単元目標と児童の実態

①単元目標および評価規準

〈単元の目標〉

・廃棄物処理施設の見学やかかわる人の話を通して，廃棄物処理は地域の人々の健康な生活や環境の維持向上に役立っていることや，これらの仕事が計画的に進められていること，他地域と協力して行われていることを理解することができる。

・廃棄物処理にかかわる人の仕事の様子を知ったり廃棄物が有効に活用されていることに気づいたりすることにより，廃棄物の適切な処理や再利用に協力し，実践しようとする気持ちをもつことができる。

〈単元の評価規準〉

社会的事象への 関心・意欲・態度	社会的な 思考・判断・表現	資料活用の能力	社会事象についての 知識・理解
・自分たちが出す廃棄物の処理に関心をもち，その仕組みや政策，かかわる人の仕事の様子について意欲的に調べ，考えながら追究している。 ・学習を通して自分たちの生活を見直し，廃棄物の適切な処理や再利用に協力しようとする気持ちをもてる。	・見学や講話からわかったことや調べたことをもとにして廃棄物の処理は地域の人々の健康な生活や環境の維持向上に役立っていること，計画的，協力的に行われていることに気づき，気づいたことをわかりやすく表現している。 ・学習を通して廃棄物処理を効果的に行うためには市民の協力が欠かせないことに気づいている。	・見学や講話や調べたこと，資料やグラフの読み取りをもとに自分の考えを深めている。 ・学習してきたことや資料を適切な方法でわかりやすく表現したり伝えたりしている。	・廃棄物処理の仕組みや政策，かかわる人の仕事について理解している。 ・廃棄物処理は地域の実態に合わせて計画的に進められていることや他地域と協力して行われていることを理解している。 ・学習を通して自分たちにも廃棄物処理に協力できることがあることを理解している。

第3章　自分たちのくらしの問題として受けとめるために　27

②児童の実態

　日々のさまざまな教科での学力格差は大きいが，どの子も，体験活動や見学を通すことによる気づきは必ずある。授業では学習感想をほぼ毎時間書かせているが，ときに学習に困難をかかえている子の感想を取り上げ，その時間をスタートすることもある。クラスにおいて社会科は全員参加が可能な数少ない教科の一つであるといえる。また導入については子どもたちの既成概念を破ることができる内容や体験的に取り組み，疑問点や問題点が明確になることでその後の学習が問題意識をもって意欲的に取り組めるように工夫している。本実践も「おやつで出たごみを授業で分別する」ことで，ごみは日常生活を営むことで出るものという自覚と，自分たちで分別することによって伊勢原市の分別方法を体験的に理解することをねらった。

(5) 指導の実際と考察

①指導計画と指導の実際

　単元スタートの1週間前からおやつで出たごみを取っておくように家庭に依頼しておく。単元1時間目はその「ごみ」を持参して授業に入る。

第1次…伊勢原市のごみ分別の仕方を知ろう

> 持ち寄ったごみをA市，B市，C市の分別方法で分別しよう

　・ごみっていらないもの，じゃまなもの
　・資源ってこれから使えるもの，リサイクル
　・A市のやり方だとほとんど燃えるごみだね　資源はほとんどない
　・B市の場合は燃えるごみと資源が大体半分ずつだ
　・C市だとほとんど資源だ　燃えるごみはさくらんぼの種とじくだけ

> A市，B市，C市共に実は伊勢原市の分別方法です。それぞれ1993年，1998年，そして現在の分別方法です。なぜこのように変化してきたのだろうか。

　・やっぱりリサイクルしたいんじゃないの？
　・分別して何が何に変わるんだろう？
　・副読本に載っている　新聞はトイレットペーパー，ペットボトルは服だって!?
　・処理ってどこでどんなふうにやっているんだろう？
　廃棄物の処理に関心をもち，意欲的に調べようとしている（関心・意欲・態度）

第2次…処理施設を見学して伊勢原市のごみ処理にかかわる問題を知ろう

> 資源リサイクルセンター，伊勢原清掃工場を見学しよう。鈴木油脂の方のお話

を聴こう。

〈資源リサイクルセンター〉
・瓶，ペットボトル，容器包装プラスチックの収集と処理を行う施設。
・伊勢原では現在11品目21分別でごみを収集している。
・作業は手作業で行う部分もあるが，混ぜてはいけないものもあり，作業をする人がけがをする危険もある。
・今のペースでごみを出していると，伊勢原市のごみ収集は近い将来有料になる。

〈伊勢原清掃工場〉
・燃えるごみの一部と燃えないごみ，危険物の収集と処理を行う施設。
・ごみはごみピットに入り，焼却炉に送られる。焼却炉の煙突から出ているのは水蒸気。高い温度でごみを燃やし，フィルターに煙を通すなど有害物が出ないように処理をしている。もやして出た灰もリサイクルに回すようにして埋め立て地が満杯にならないようにしている。
・燃えないごみや危険物は手作業でできるだけ資源になるように処理している。他市町村にお金を払って最終処理をお願いしたり，資源として買い取ってもらったりしている。
・燃えるごみに金属類が混じって焼却炉が故障したり処理にあたった職員が亡くなったりけがをしたりしたこともある。

〈鈴木油脂〉
・みんなの家庭から出る廃油はほぼ100％リサイクルできる。
・リサイクルした油は車の燃料や工業製品の原料になる。石鹸の原料にもなる。
・自分たちが生きていく環境を守るために廃油処理の工場を造った。みんなにも環境を守ることとは何か考えてほしい。

・何で容器包装プラスチックにおもちゃや包丁が混じっているの？
・ごみ出しが有料なんて絶対いや！
・容器包装プラスチックの収集はもう少し増えないんですか？→車の台数や職員数，処理能力から週1回が限度。
・大事に使っていたものもあの（火の）なかにはあるんだろうな。
・何で電子レンジや空き缶を燃えるごみに出すんだろう？　おかしいよ!!
・灰もリサイクルに回すなんてすごいなあ。
・家で油を出しているけれど，車の燃料になっているとはおどろき！

| ごみ処理有料なんて絶対いやだ。学校中に呼びかけたほうがいいんじゃないの？ | もっと家でも生ごみの水切りをしたり分別をちゃんとしたりするように親に言う！有料化阻止!! | この間ごみ置き場に椅子が出ていたけれど，椅子ってごみ置き場に出していいの？ | あんなにたくさんのごみが出ていたら伊勢原のごみを減らすのなんて無理だと思う… |

自分の生活を見直し，廃棄物の処理に協力しようとする気持ちをもてる
　　　　　　　　　　　　　　　　　　　　　　　　　　　　　　（関心・意欲・態度）
　　廃棄物の処理は人々の健康や環境の維持，向上に役立っていること，また計画的，
　　　協力的に進められていることに気づく（思考・判断）
　　見学や講話をもとに自分の考えを深めている（技能）
　　廃棄物処理の仕組みや政策，仕事について理解する（知識・理解）
　　廃棄物処理は地域の実態に合わせ，他地域と協力して進めていることを理解する
　　　　　　　　　　　　　　　　　　　　　　　　　　　　　　　（知識・理解）
　　自分たちにも協力できることがあることを知る（知識・理解）

第3次…問題の解決に向けて私たちにできることを考えよう

　　伊勢原市のごみは減らせないのだろうか？

　〈減らせる〉～17人
　・ものを最後まで大事に使うとか，余計なものを買わないとか減らす方法はある。
　・今よりももっと分別を徹底してリサイクルに回せるようにする。
　・有料化なんて絶対いやだから何が何でも減らさないと。ごみ減量の方法だって
　　教えてもらったんだから家でやるとか家の人に教えるとか。
　・私たちが知ったことをみんなに呼びかけるとか。
　〈減らせない〉～14人
　・あんなにたくさんのごみを減らすなんて無理。
　・教室の落とし物だってちっとも減らない。
　・ごみ出しのルールを知らない人が多すぎる。減らしたくてもむずかしいよ。

知らない人が多すぎるのだとするならば，やっぱり児童朝会で呼びかけをすること
に意味があるんじゃないの？
　　廃棄物処理を効果的に行うためには市民の協力が欠かせないことに気づいている
　　　　　　　　　　　　　　　　　　　　　　　　　　　　　　　（思考・判断）
　　見学や講話，調べたことをもとに自分の考えを深めている（技能）

第4次…学習したことをまとめよう

　　児童朝会で自分たちが知ったこと，みんなに考え守ってもらいたいことを伝えよう。

| 伊勢原市のごみに関する現状と問題について～今のままではごみ処理は有料に | なぜごみを減らさなければならないか～埋め立て地の寿命を延ばすために | 伊勢原市の分別ルールについて～クイズを通しておぼえてね | 分別ルールを守らないとどんな問題が起こるのか～処理する人のことを考えて | ごみ減量の方法～身近な方法や心がけでごみは減らせる |

　　廃棄物の適切な処理や再利用に協力しようとする気持ちをもてる（関心・意欲・態度）
　　学習したことを適切な方法でわかりやすく伝えている（技能）
　　学習を通して自分たちにもできることがあることを理解している（知識・理解）

②実践における考察

ⅰ）すんなり入っていった環境美化センターの方のメッセージ

ごみ処理有料化の可能性とそれを回避したい政策サイドの思い。見学でも，一人1.1kg／月の燃えるごみ減量を実行しなければ伊勢原市のごみ処理は有料になることを話していただき，その後施設内や実際の作業の様子を見学した。

教室に帰って見学を通してわかったことを整理する際に「ごみを減らさなきゃいけないこと，学校のみんなに伝えようよ」と一児童の口からごく自然なかたちでセンター職員の思いが語られ，この問題が認識された。このあとの清掃工場見学で一部の児童に揺らぎもみられたが，子どもたちに政策サイドの願いは思いの外すんなり入っていったとみている。この現実的な問題をめぐってこのあとの見学や話し合い，そしてまとめができたことで，自分たちの生活を見直し実行可能なごみ処理への協力という単元の目標に沿う学習活動ができたのではないかと分析する。

ⅱ）衝撃的だった清掃工場での事実

屋外の不燃ごみの処理は間近にその作業の様子や解体された大量の不燃物を見学し，焼却炉は中央制御室からのごみピット見学とモニターによる炉内見学であった。それでも深いピット内でかき回される大量のごみや，小さな画面とはいえ，赤々と火が燃える炉内の様子は子どもたちにとって衝撃的だったようである。また自分たちが出すごみによって命の危険にさらされることもある事実も現場で聴くことでより実感を伴ったのではないかと思う。

神奈川県秦野市に新設されたいわゆる「きれい・静か」な清掃工場見学であったらこうした感想は得られたであろうか。「快適な見学」が必ずしも学習効果を得られるものではないのではないか。ごみという，避けて通りたい教材に関しては，ごみ出しのモラルも含めごみ本来の「きたないもの」に出会わせることが子どもたちにもかかえる問題やその深刻さがダイレクトに伝わるのではないかと思う。

ⅲ）「伊勢原市のごみは減らせるか？」という話し合い，そして発表

A児が示した問題をそのままテーマにすえて行った話し合いでは，「減らせる」

17人に対して「減らせない」14人とあまり大きな人数差が現れることはなかった。だが普段発言することの多い児童が前者に集中し，はじめのうちは「減らせる」と主張する意見中心で話し合いが推移した。しかし「減らせない」派に発言を促したところ，清掃工場で見た大量のごみや落とし物の多い自分たちの生活，またこの単元が始まってから聞かれだした掟破りのごみ出しや処理施設で見聞きさせられたルール違反の事実などがあがり，ルールも処理施設での苦労も「知らない人が多すぎる」ことが減らせない理由であると的確な主張が返ってきた。この意見を受け「減らせる」派は，「知らない人が多いからこそ伝えることに意味があるのではないか」と学習発表の意義を説き，児童朝会で発表を行うことにクラス全体の同意が得られたと筆者は見取った。

　しかし発表準備に入ると，どんどん話し合いを進め資料や発表原稿をつくってしまうグループもあれば，資料と発表原稿のちがいから指導する必要性のあるグループ，一部児童がほとんどの準備をし，そうでない児童は言われるがままに動くグループなどさまざまな力の差が露わになった。

　授業中の話し合いに表れる全体をとりまく意欲的な雰囲気に筆者もしばしば囚われてしまうが，早い段階で問題を自分事として考えられる児童とそうでない児童の差が，いざ活動に移るとはっきりと現れる。明確に声をあげない子どもたちの声の拾い方，「十分話し合った」と誰もが思えるまでの時間をかけた話し合いなど，皆が「一市民」として納得のいくまで議論を重ねるには，時間をかけた話し合いと理解に課題をかかえる児童の意識の変化を観察し的確な支援やその児童のもつ思いや疑問を皆で共有する時間も必要であると改めて感じるところである。

第3節　子どもたちの姿から

(1) 学習の理解に支援が必要な子を授業にかかわらせる

　事象の考察については，学んだり理解したりした内容を俯瞰的にとらえられることが前提となる。子どもたちのなかにはどうしても内容のある一点に集中して疑問や考えを表す子どもがいる。一過性の場合もあるが，なかにはしばら

くその状態が続く子どももいる。

　A児はこの単元でみられた変容に至るまで毎時間の考察は常に部分的にとらえたものばかりだった。そのA児に変化が表れたのは清掃工場で燃やされるごみを見たあとである。目の前に現れないものについて想像することはあまり得意でないA児が，それまで見たこともないような大量のごみ，小さなモニター画面にごうごうと燃える火を見ているうちに「あの燃えているもののなかには今までだれかが大事に使っていたものがあるんだろうな」というごみの本質に思いを馳せたような感想を綴ってきたことは初めてであった。ものの見方や思考する力は教えてわかるものではない。子どもの力がどのような状態にあるか常に把握できるために筆者はほぼ毎時間子どもたちには学習感想を書かせている。そして変化が見られ授業が深まるきっかけになると思える考えや思いは次時に生かすようにしている。

(2) 問題を理解しつつも諦めが先に立つ子を生かす

　清掃工場見学の感想にB児は「わたしたちが出したごみがあんなに多くてびっくりしました。わたしたちが少しでもへらしたいんだけどむりだと思いました。（後略）」と記してきた。B児はこの言葉でごみの問題を諦めて仕舞いにしている感があるが，この見学の感想としては他児が「ごみ減量のむずかしさ」にふれていなかっただけに筆者には強烈な印象をもって目に飛び込んだ感想である。実は多くの市民の本音を代弁する意見ではないだろうか。そう考えてこの感想をクラスの学習問題に充て「伊勢原市のごみはへらせるか」というテーマで話し合わせた。有料化を回避するためにはごみは減らさなければならない。しかしこのごみ減量に対し本市は克服しなければならない課題があるのだ。だから「減らせる」という理想や目標を掲げる17人，そして目標達成の課題を見据えている「減らせない」14人。願う思いは同じでもその到達に対する思いのずれがあるからこそ話し合うことで誰にも克服するべき課題がみえ，その課

B児の感想（一部抜粋）

第3章　自分たちのくらしの問題として受けとめるために　33

題解決の一つとして知ってもらうことの必要性にたどり着いたのではないかと思う。自分の素朴な感想を話し合いのテーマに示されたB児は，その展開にとまどったのか筆者が指名するまで話し合いに手をあげなかった。それでも自分の感想に賛同する仲間が13人いたことは，嬉しかったのではないだろうか。指名するとためらうことなく自分の思いを語っていた姿が印象的である。

(3) 授業を通して問題を把握し，実践に移せる子の意識を皆で共有する

　担任するクラスには授業をリードできる子どもたちが何人もいる。「ごみを減らす必要性を全校に伝えたい」という活動目標の提案も一児童の言葉である。こうした言葉，話し合いやグループ活動をリードする姿は，何を考えたらいいのか，どう実行に移せばいいのか悩む子どもたちには十分手本となり得る。学習感想を印刷し皆の目にふれさせる，可能なかぎりグループ活動は子どもたちに任せ微修正役に指導者は回る，など力のある子はやはりその力をのびのび発揮できる場を設定し他児の刺激になる存在であってほしい。そして子ども同士のかかわり合いからものを見る目や思考力が育っていく子は確実にいる。同心

見学後の感想（一部抜粋）

円のような力の広がりを期待している。

第4節　改めて「18歳選挙権」と小学校社会科のつながり

　小学校社会科は，各学年それぞれに特徴ある学習内容が扱われる。学習材との出会わせ方が子どもたちにとっておもしろいと思えれば，素朴ではあるが驚くほど本質をついた意見や疑問，現実社会に起きている矛盾をぶつけてくる。私たち教師はその「子どもの声」を誠実に拾い生かし学習を深める努力をしているだろうか。

　3年生での社会科学習スタート時，子どもたちの多くは低学年との決別のきっかけとして社会科と理科の学習に大きな期待感をもって臨む。しかし学習材に誠実に向き合おうとする子どもたちの思いや意見を生かし切れていない現実が「言っても無駄」という意欲低下につながる気がしてならない。先に記した「自分の投じる一票で世の中が変わるとは思えない」という言葉を少し変えてみる。「自分の語る一言で授業が変わるとは思えない」教室のなかで，すでにこんな思いを抱かせていないだろうか。

　小学校で市民性＝シティズンシップを育むにあたり，私は先ず子ども達の声を生かすところから始めたい。「自分の語る一言で授業が変わるかもしれない」という言葉が将来「自分の投じる一票で世の中が変わるかもしれない」に置き換わることを期待したいのだ。社会科に限らない。小学校ならどの教科・領域でも実践可能なことである。　　　　　　　　　　　　　　　　　［井山　貴代］

■注
1) 伊勢原市経済環境部環境美化センター刊行『私たちにできること～混ぜればごみ・分ければ資源』2013 年度版
2) 伊勢原市経済環境部環境美化センター刊行『伊勢原市資源リサイクルセンター（プラスチック製容器包装等中間処理施設）』2008 年度版
3)「広報いせはら」1992 年度版・1994 年度版・1997 年度版・2007 年 7 月 1 日号・2010 年度版

第4章 人口減少局面の日本社会における主権者のあり方
—中学生が向き合った外国人労働者の人権問題—

第1節　変化させてはいけない人権意識

　今日，日本でも多くの外国人が労働に従事している。しかし，外国人労働者は日本人と同等の技能をもっていても同等の労働水準におかれているわけではなく，とくに技能実習制度で受け入れられている外国人労働者は，労働基準関係法令が守られない労働環境におかれることも少なくない。厚生労働省の発表によれば，平成27年度に技能実習制度の実習実施機関で70%を超える違反事業所があったという。少子高齢化問題や人口減少問題を授業で取り上げる際に避けることができない論点である外国人労働者の受け入れ問題であるが，現状でどのような制度があり，その制度のなかで外国人労働者がどのような生活を送っているかを理解する生徒は少ない。

　こうした外国人労働者の問題に関しては，これまでも多くの実践の蓄積がある。本実践は中学校社会科公民的分野の人権学習において，外国人労働者に関する調査を進めた生徒の記述の変遷から，一人の生徒がどのように差別的な見方と向き合い，社会を創る視点を獲得していくかを考察する。技能実習制度の「犠牲者」としての外国人労働者の実態や一人の人間としての生き方に共感的理解をさせることをめざすのではなく，日本に生きる人間の人権を守るうえでの社会の課題を考えさせようとした。この学習を通して，少子高齢化や人口減少によって全面的な外国人労働者の受け入れが行われるなどの変化が予想される社会のなかでも，変化させてはいけない人権意識をどのように獲得できるかを生徒の具体的な学びの過程から見いだすことをめざしたい。

第2節　単元の流れ（全10時間）

(1) 単元の目標

○一人ひとりが幸せを追求し，自由に生きることを尊重されるために，「幸せや自由」を人々が獲得してきたことを理解する。

○現在と未来の社会で「一人ひとりの幸せや自由」があるために，「みんなで決めてはいけないこと」「みんなで生きるために守っていくこと」を社会で起こっている問題や対立のなかから見つけだし，判断できるようになる。

(2) 単元の評価

関心 意欲 態度	新たな人権課題を見つけ，自分の言葉で語ることができる。
思考 判断 表現	人権課題はさまざまな立場によって意見が異なることを理解したうえで，問題の本質をとらえ，説得力ある言葉で語ることができる。
技能	歴史的成立過程や他の地域や国での事例など，さまざまな視点から調査し，発表や話し合いの根拠や理由づけに必要な資料の収集・選択・活用ができる。
知識 理解	憲法に定められた「みんなで決めてはいけないこと」「みんなで生きるために守っていくこと」を整理し，憲法に書かれていない権利が必要とされた背景，国を越えて人権保障が求められるようになった背景を理解できる。

(3) 単元指導計画

時	主な学習目標	主な学習内容	指導上の留意点
1 2	○ハンセン病について理解し，何が差別になるかを説明できる。	○ハンセン病について，元患者の語りから，どのような差別があったかを理解し，正しい考え方を伝える4コマ漫画を作成する。	○国立ハンセン病資料館の視聴覚教材を活用する。 ○新聞等で今現在の状況も補足する。
3	○人権思想史を学ぶ。	○人権の定義を各自で考える。 ○教科書を中心に人権が獲得されてきた歴史を理解する。	○人権の定義を考えさせ，自分が人権の何を意識したかをつかませる。
4 5 6	○調査人権課題を設定し，適切な情報収集を行う。	○3つのテーマから，具体的な調査テーマを設定し，調査テーマを各自で進める。	○テーマ設定時に調査難易度等を把握する。 ○反論も検討させる。
7	○提言内容を練り上げる。	○各自の調査内容を基にして，グループ提言内容を考える。	○一視点でなく多面的・多角的に考察させる。
8	○パネルディスカッションを行い，意見交換や質問を行う。	○各グループの提言を基にパネルディスカッションを行う。	○出た議論や意見をもとに，まとめさせる。

9	○人権課題解決の阻害要因に対し「私，社会，世界はどのように関わることが必要か」を考える。	○弁護士を交えたワークショップを行い，自分たちの提言に対する実務的な内容からの補足を受けて，練り上げを行う。 ○実際の現場での状況を理解する。	○予め論点整理し，生徒が質問をし，議論を進められるよう準備させる。 ○予め実務についても話してもらうよう打ち合わせる。
10	○これまでの学習を踏まえ，人権を守るために必要なかかわりを考える。	○人権委員会（小グループでの話し合い）を行い，パネルディスカッションやワークショップの内容を振り返るとともに，個人の意見の練り上げを行う。	○パネルディスカッションやワークショップの振り返りを中心に，不足している議論も行わせる。

(4) 単元設定の理由

　本単元では，「女性の人権課題」「子ども・若者の人権課題」「国内外国人の人権課題」という３つの調査テーマを設定し，身のまわりで生じる人権侵害や差別につながる事象があることをさまざまな調査から気づき，自分自身や社会，世界はどのようにかかわっていくことができるかを考えられるようになることを目標として設定した。

　外国人労働者の人権課題については，『平成27年度厚生労働白書』では「人口減少社会を考える」とテーマが立てられている。そこでは国立社会保障・人口問題研究所「日本の将来推計人口（平成24年1月推計）」を引用し，「出生中位・死亡中位推計によると，2048（平成60）年には9913万人と1億人を割り込み，2060（平成72）年には8674万人になると推定されている」と示している。外国人労働者の受け入れは現在の社会の枠組みでも行われており，就労する外国人は100万人以上にのぼると指摘されている[1]。

　いっぽうで，外国人技能実習生の労働条件の問題が2007（平成19）年以降厚生労働省から発表されており，平成27年度に労働基準監督機関が技能実習生の実習実施機関に対して行った監督指導・送検の状況では70％超える機関が監督指導を実施されたと指摘される。この状況は新聞各社も報道しており，一定の問題提起がなされているが，身近には感じにくい問題であるため関心が低いだけでなく，普段の生活では自分とのかかわりを感じにくい問題であり，人権侵害には気づけなかったり，気づかせない構造のなかに存在させられたりし

てしまう可能性がある。

　人権は時代とともに獲得され，その対象が拡がるものであるが，他方で変化させてはいけないものでもある。こうした人権課題を自分の外にあるものではなく，自分自身と関係ある課題として向き合って考え，そのなかで人権意識を高められることをめざして単元設定を行った。

第3節　単元のなかでの気づきと学び

　今回は紙幅の関係から外国人労働者の問題を担当した班の1人の生徒（以下，生徒M）の授業ワークシートの記述を取り上げて，学びの過程から人権に関するとらえ方の変化を示す。生徒Mは社会科の学習意欲が学年進行につれて高まり，授業外での質問なども多い生徒であったことや，模範解答が出やすい人権単元において自分の考えを直感的に表現できる生徒であったことから，検証するための情報が確保できたことや変容の過程が示せると判断し，検証の対象とした。

　1・2時間目は連続授業で，前半はハンセン病資料館から貸与された元患者の講演会DVD（約35分）を見せながらワークシートを使ってハンセン病に対する理解を促すとともに，どのように人権問題が生じるのかをとらえさせた。後半はハンセン病を啓発する5コマ漫画を作成，要点整理をさせたうえで裁判の判決を取り上げた新聞記事の共有を行った。

　生徒Mは前半のまとめとして設定した設問4「ハンセン病の患者さん達が隔離されたのは人権侵害になると考えますか？」に対して，以下のように答えた。

　なると思う。なぜなら原因がわからないときは仕方ないけれど，わかってからも隔離するのは変だから。

　前半の授業ではハンセン病に関する訴訟を報じた新聞記事を資料として扱っており，この裁判例の要点がほぼそのまま記述に反映されているといえる。いっぽうで，後半の授業まとめとして設定した設問6「こうしたハンセン病をはじめとする様々な偏見や差別をなくすために，あなたはどのような手立てがで

きると思いますか」に対して，以下のように答えた[2]。

> 社会は正しい情報を公開することが必要だと思う。情報が間違っていたら，国民も誤解してしまう。また，私自身は興味を持つことができる。差別がなくなるかはわからないけれど，正しい情報を知り学ぶ必要がある。

　正しい情報が得られないなかでの差別だけでなく，正しい情報を得たうえでも消えない「差別をしている自分」に気づいたことへの葛藤がみえる。このことについては，授業直後にこのようなエピソードがあった。

> 生徒M　「先生はどうすればよいと思っていますか？」
> 授業者　「判決のとおり，治る病気になってからの隔離は差別だと思うよ」
> 生徒M　「そうじゃなくて，差別がいけないのは頭ではわかる。でも，自分が差別する意識は消えていない。そこをどうすればよいかわからない。みんなはどうしているの？」
> 授業者　「道徳の授業では一つの正しい価値観を見いだし，それに基づいた考えを記述するが，社会科の授業はその価値観をも検討する教科。だから，差別する意識をもたないことを重視するのではなく，なぜ自分にそういう気持ちが生まれるかを考えることが大切だよ」

　授業者が生徒Mに対して，道徳と社会科の話を出している背景には，DVDのなかで講演者が「差別を受けてきたのに差別をしてしまう自分」を語る部分があり，例年の生徒の学習感想にはこの差別をされている人も差別をする部分があることに驚きを示しつつも，差別がすぐになくならない理由として意味づけする記述が多いことが授業者の脳裏に浮かんだためである。

　その授業の振り返りシートに生徒Mは「社会と道徳のちがいがなんとなくわかった」とし，そのうえで「（設問4の）隔離は人権侵害かの問いがよくわからなかった」と記述している。授業者の回答は社会科と道徳のちがいとして，生徒Mの記述に反映されているが，人権問題を解決するむずかしさを考えることには寄与できておらず，結果的に学習のワークシートでは授業者の設定した回答を記述したにもかかわらず，別記の授業感想ではその問いがよくわから

40　第1部　子どもの生活現実に根ざす主権者教育

ないと記述させてしまっている。生徒Mはこのエピソードから自分に差別意識があるということに気づき，向き合い，単元を通して葛藤しつづけている。

第3時の教科書を用いた一斉授業での人権思想史学習をふまえ，第4時以降から調べ学習となる。生徒Mの班は「外国人労働者の生活環境を改善すれば，より労働者を増やせるか」を調査課題として設定し，「少子高齢化や人口減少に伴って労働力がより必要になるから」と「外国人労働者の待遇が悪いことを聞いたから」という2点を設定理由としてあげた。班の調査仮説は「増やせる。そのために大きく分けて，制度と言語が必要だ」である。

生徒Mは個人調査の課題を「外国人労働者が日本語習得するには？」と設定し，2時間の調査時間で複数の地方公共団体の政策にあたった。そのなかで，日本労働組合総連合会の「国籍を問わず，日本語指導・日本文化講座等を開講し，言語的・文化的な溝を埋める」や「集住地のある地方自治体への外国語通訳を増員する」という取り組みを知る。また，公的機関が「少子高齢化や人口減少に伴って労働力がより必要になる」とか「日本語が理解できないことをいいことに低賃金，劣悪な労働条件を課せられている」という点から「外国語での表示，専用窓口」を設置し，「日本語講座（ボランティア）を増やす。多言語でこれを知らせるポスターをつくる→お金がない外国人でも来ることができる→職業の選択が広がる」ということがわかったとメモしている。この調査を通して，以下のように述べている。

日本語はアラビア語と同じくらいむずかしいため，外国人にとってわかりづらい。しかし，日本で生きていくうえでは日本語は必要である。具体例として劣悪な契約を結ばせることがある。契約書も外国語で書くとわかりやすいと思う。

現状の具体例を知ったうえでの感想レベルではあるが，労働環境の具体的な改善策として「契約書」をきちんと書ける状態にすることの必要性をあげることができている。

第7時は各個人調査の結果をもち寄り，生徒Mの班としての提言内容を考

える時間であった。提言の骨子としては「①異文化・異言語の壁を壊すこと，②外国人が日本語を理解できるようにすること，③自分が将来大人になったときに外国人労働者を追い込まないようにすること」ということがまとめられた。本時を終えたワークシートには以下のようにまとめている。

> 偏見をなくすことはできないと思う。外国人と日本人はまったくちがうという思想が日本に根付いているので，するとすれば次の世代への教育を変えることだ。

　さらに，第8時のパネルディスカッションでは，先に示した「女性の人権課題」「子ども・若者の人権課題」「国内外国人の人権課題」について2班ずつが設定した調査課題と仮説，検証結果を発表したあと，各班に対しての質疑を行っている。議論する時間が30分強と班の数に比べて少なかったため，内容的な深まりはあまりみられなかったが，他班の生徒からは「難民と移民のちがい」や「行政の相談員にはどこの国の出身者がいるのか」などの質問が出された。
　第8時の授業ワークシートは以下のようにまとめられている。

> 偏見をなくすことは多分不可能だと思う。現に今まで勉強して正しい知識を得られたが，偏見は私のなかでなくなってない。だとしたら，個人が努力するのはもちろんだが，社会全体が変わる必要がある。私は教育で次世代に新たに正しい知識をすり込ませるべきだと考えた。

　いっぽうで，この授業の振り返りシートには以下のように述べられている。

> 広い視野（世界や社会）でみているだけでは解決できず，「私」という視点が私たちにとって最も必要だ。自分が今できることは「私」なので，この授業を今後どのように活用していくか考えたい。

　パネルディスカッションを通して，世界や社会がどのように対応するべきかが各班から語られたが，「私」が何をしていくかという各班の提案に納得できるものがなかった生徒Mであった。しかし，そこから生徒Mは「私」が動か

なければ変わらないと思い直している。

　第9時は，弁護士やむつみ会をゲストティーチャーとして迎え企画したワークショップである[3]。オールドカマーに比べ，技能実習制度に代表される外国人労働者のかかえる人権課題について取り上げた書籍は非常に限られている。しかし，生徒もファミリーレストランや大規模小売店舗などで外国人労働者がいることは実感をしており，日常生活と文字資料との差を埋める必要があった。実務家の視点を得て，課題への問い直しをめざしたワークショップである。本時では各班の班員6名に対して各問題に精通した弁護士1名とむつみ会会員1名がつくことになっていたため，授業者は実施前の打ち合わせを綿密に行い，授業時には時間管理を行うにとどめた[4]。

　生徒Mの振り返りシートには，以下のように述べられている。

> 「今，日本は難民・移民を受け入れる側だけど，将来日本人が出稼ぎに行ったときのことを考えよう」と言われた。そのように考えたことがなかったので，新鮮だった。ヘイトスピーチの逆で教育をするべきだと思った。

　自分たちが少数者になったらという視点で外国人労働者の人権課題を見つめること，そして，ヘイトスピーチの視点から自分が漠然と考えてきた「教育」という方法が具体的な改善のための方法として見つめなおされたと考えられる。
　単元のまとめのレポートには，以下のように書かれている。

> …また，外国人労働者の課題は他に比べると考えづらい。なぜなら，私たちが外国人労働者の気持ちになって考えるのはむずかしいからだ。そして，そのむずかしさから自分とは無関係であると考えがちなのだ。これは「私」の視点と深く関係してくる。「私」ができることは本当に少ない。それにきれいごとばかりで現実味がない。だから，まずは外国人労働者の気持ちになって課題について考える。

　外国人労働者の気持ちになることのむずかしさ，それゆえの無関心に対して「私」としてできるのは，外国人労働者に共感的に理解することであることに気づいた記述である。さらに，このように記述を続けている。

第4章　人口減少局面の日本社会における主権者のあり方　*43*

> 日本は外国人労働者を経済を活性化させる存在としてとらえているが，外国人労働者は活性化するために来たわけではなく，あくまで自分のために来たのだ。今まで広い視野ばかりを重視してきたが，個人個人の小さい視点も同じくらい重要だ。政策だけでなく，自分自身の行動を見直すべきだと思った。

　単元当初に自分の差別意識に戸惑い，途中の段階では差別はなくならないと考えた生徒Ｍだが，パネルディスカッションや弁護士らとのワークショップを経ていくなかで，他者の視点をもつことで差別をされている自分の視点を得て，「自分自身の行動を見直すべき」という結論に至った。

　いっぽうで，この「自分自身の行動を見直すべき」と考えた生徒Ｍに授業者は適切な政策を考えさせるような展開にはできなかった。「外国人に日本語を学ぶ機会を与える」としていた生徒Ｍにこの「差別解消策」で本当に問題の解決を生むことができるのかをもう一歩考えさせる必要があったと思われる部分である。

第４節　主権者としての人権意識を深めるために

　本章では，中学校社会科公民的分野の人権学習のなかで，変化が予想される社会のなかでの主権者としての人権意識をどのように獲得できるかについて，外国人労働者の問題を取り上げた生徒Ｍの具体的な学びの過程から検討した。

　今回の学習における生徒Ｍの学びの過程からは，生徒が学習を通して導いた結論をさまざまな視点や立場の他者から再検討を迫られるなかで，自分の立ち位置，見方に気づいていくことを読み取ることができる。単元のなかで繰り返し問いを練り上げさせ，他者の視点をもたせて問い直させる仕組みを設定することで，変化した社会のなかでも自分の人権意識を相対化させることができるようになると考えられる。

　いっぽうで，主権者としての人権意識自体を深めさせることについてはさらなる工夫が必要であった。とくに生徒が考察するうえで足りない情報をどのよ

うに共有させるかという点である。今回の事例では，班提言で「異文化・異言語の壁を壊す」があげられたり，外国人労働者の労働条件を検討するために自由権と関連づけさせたりするなどの工夫や配慮をすることが必要であった。これらの点については，今後の課題としたい。　　　　　　　　　　　　［石本　貞衡］

■注

1) 宮島喬・鈴木江理子（2014）『外国人労働者受け入れを問う（岩波ブックレット916）』岩波書店。ほかに外国人労働者の問題を取り上げた書籍として，高賛侑『ルポ　在日外国人』（集英社，2010年）や宮島喬・鈴木江理子『外国人労働者受け入れを問う』（岩波書店，2014年），外国人研修生問題ネットワーク編『外国人研修生　時給300円の労働者―壊れる人権と労働基準』（明石書店，2006年）などを参考にしている。
2) 以下，生徒Mの記述の下線部は授業者が付け加えている。また，授業で用いた学習内容を整理するプリントを「ワークシート」と呼び，単元を通しての学習目標と評価，各自の感想や取り組み方などを記載するB4両面のプリントを「振り返りシート」として記述している。
3) むつみ会は女性弁護士および男性弁護士配偶者によるボランティア団体である。
4) 各班での具体的なやりとりについては，物理的な制約があり，生徒の記録したメモを参考に類推している。

第5章 「困難をかかえた高等学校」の現場から
―高校生の生活現実と向き合う歴史・社会科教育―

第1節 二極化する高等学校の現実とこれからの課題

筆者は1987〜99年度および2007〜15年度,「教育課題集中校(困難校)」とされる県立高等学校に勤務した。その間,低学力や低コミュニケーション能力で困っている(はずの)高校生たちに数多く出会った。「困った」感を自覚している本人や保護者もいれば,自覚できない場合もあった。

急速な情報化社会,グローバル経済化に伴う格差拡大と貧困層増加で,価値観も多様化している。そんななか,不祥事などによる学校不信もあるが,教育や学校に対する期待や担う役割は増え続けている。しかし教員の人員補てんは十分とはいえず,「臨時的任用」という非正規教員が増えた一方,本採用(正規雇用)の教員は毎年の仕事の継続性や業務の兼務など負担がのしかかっている(退職教員増加に伴う「再任用」雇用もパートタイム勤務のかたちが多いため,フルタイムの本採用・臨時的任用教員が業務の一部を負担せざるを得ない問題もある)。

文部科学省は,2020年度から実施予定の学習指導要領改訂(高等学校は2022年度から)に向けた審議のまとめを2016年8月1日に示した。高等学校の地理歴史科では,新設科目の「地理総合」「歴史総合」各2単位が共通必修科目のほかは「地理探究」「日本史探究」「世界史探究」各3単位が選択科目としておかれるだけとなる。公民科では,新設の「公共」2単位が共通必修科目のほかは「倫理」「政治・経済」の各2単位が選択科目としておかれるだけとなる。

他方,2016年7月3日の福岡県うきは市長選から始まった18歳選挙権は,同月10日の参議院議員通常選挙において本格的な全国実施となった[1]。学校現場では主権者教育の必要性とともに,教員による指導の中立性の厳格化が求められている。

以上の状況をふまえながら,主に近現代の歴史実践を振り返りつつ,課題と

展望について探ることにする。

第2節　学習でつまずく生徒の多い高等学校の現場で実践して

(1) 現代における歴史的・社会的学力の課題

　現代の氾濫する情報は玉石混交である。たとえば，1991年の湾岸戦争や2003年のイラク戦争は情報操作による戦争の強行であったが，その後のイギリスとは異なり，日本はほぼ無批判にそれらに関与したことについて現在まで批判的総括はなされていない。この事実は，近代日本における帝国主義政策に伴う植民地支配の拡大によって起きたアジア太平洋戦争の総括が，いまだ国民的歴史認識の総意となっていないことと似ている。さらに後述の「満州事変以降の日本の戦争」の項でも指摘するとおり，「あのときは仕方なかった」で終わっていないか気になるところである。

　さらに歴史教育についていえば，かつて歴史教育者協議会全国大会の分科会で，「戦前（1945年敗戦まで）における皇国史観的内容の刷り込み（暗記）型歴史学習と，戦後の『民主的』とされる内容の刷り込み（暗記）型歴史学習は，本質として異なるものなのか」というような議論があった。

　日本の伝統・文化が他国とりわけアジアのなかで卓越しているとする優生思想的な歴史認識を否定して，戦後民主主義における歴史教育は深化してきた。しかしいっぽうで，国内の政治的運動や中国・北朝鮮などの国際情勢に影響されたとはいえ，1990年代後半からの歴史修正主義の一定の拡大をどう考えるべきか。「暗記」ではない歴史学習，多面的多角的に学ぶ歴史学習のあり方が大きな課題ではないか。どのようにこれらの課題に取り組むべきか。以下，過去に実践した事例をあげて検証したい。

　なお，近年の私の授業は，基本的に次のように進めてきた。

　①パワーポイントを使ったレヴュークイズ方式で復習する（後述）。

　②授業テーマである歴史事象をキーパースンから読み解く自作プリントを用意し（パワーポイントも作成），教科書や図録を調べる資料として使う。

　③授業の途中に，自分の考えをもたせるための課題を用意する。考えを聞き

出して板書し，全体で共有しながら考え合う。可能であれば，グループ（友人同士）でどの意見を支持するか選ばせる。その理由も簡潔に聞く。このときのテーマは，わかりやすくするために単純化して二者択一や三者択一といったかたちをとるが，必ず「その他」として別な考えが出せる余地を残す。

④授業テーマに関する映像（テレビの教養番組を編集したもの）を見せて，より視覚的に理解させる。

(2) 試みた授業実践から

①資本主義か社会主義か

世界史で，産業革命後のマルクスを取り上げ，「自由」をキーワードとする資本主義と「平等」をそれとする社会主義について学んだ。2015年度は，テレビ朝日系の池上彰氏のニュース解説番組を編集したものを見せた。この番組では，民主主義（ギリシア・ローマ）→絶対王政→資本主義→社会主義という概念がどういう人々の願いから発生したのかを解説するとともに，図5.1（授業のパワーポイントで使用した1コマ）のような，現代における各国のスタンス（何を重視しているか）についても解説したものであった。

生徒のなかには「民主主義の反対は社会主義」という誤った理解が少なくないので，ここではそれぞれの「主義」は何を理想としているのか，どんな長所・短所があるのかを理解することに主眼をおいた。さらに，「現在の日本はどういう立ち位置にあるか」を理解させるかたちにした。

②男女平等の実現―「母性保護」か「男性と同じ働き方」か―

日本史で，大正期における母性保護論争で知られる与謝野晶子と平塚らいてうを取り上げた。国による母性保護を否定した晶子と，妊娠・出産・育児期の女性は国が保護すべきとするらいてうを扱った。この論争では，より社会的な平等が実現しなければとする社

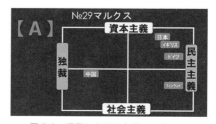

図5.1　現代における各国のスタンス

会主義的立場の山川菊栄なども加わるが，授業では理解しやすくするために単純化した。このテーマは「男女共同参画社会」（さらには，「ワークライフバランス」「長時間労働という働き方の問題」についても波及しうる）という現代の課題ともマッチし，生徒の関心も高かった。途中で「与謝野晶子と平塚らいてうのどちらを支持するか」と投げかけるが，当然「その他」として両者を融合するような回答も出てくる。

　このときの復習的映像としては，NHK「歴史秘話ヒストリア」の「華麗なる歌人　愛なき館からの逃避行〜柳原白蓮の生涯〜」（2010年11月10日放送）を筆者が編集したものを使用した。当時の社会運動や女性の自立とは何かについて関連する内容であった。

③満州事変以降の日本の戦争

　1930年前後の日本の外交について，松岡洋右の「満蒙は日本の生命線」とする主張，幣原喜重郎の英米協調と軍事干渉によらない中国への経済進出の主張，石橋湛山の「一切の植民地を放棄せよ」の主張を取り上げた。討論すると，生徒たちの大半は幣原，石橋の主張を支持する。その後「なぜ1930〜40年代になると，松岡らの主張が広く受け入れられていくのだろう」という問いかけをした。生徒たちは「国民が騙された」「軍国主義に洗脳された」「軍部の暴走」といった理由をあげることが多い。

　いま振り返ると，「なぜ当時の人々は石橋の主張を受け入れなかったか」「なぜ日本はリットン調査団報告―『満州国』は認めないが，満州における日本の経済的権益は認めている―を受け入れなかったか」の背景をリアルに考えられたかの課題を感じる。すなわち，1920年代後半から始まった中国国権回復（諸権益回収）運動の盛り上がり，長引く経済不況（震災恐慌，金融恐慌，世界恐慌，昭和恐慌）とその脱出のために日本の既得権益を維持・拡大させたいとする欲求についてのリアルな学習である。

　たしかに当時の政府は治安維持法などで，国策としての戦争に反対する人々を取り締まり，公然と反対の声をあげられないものとしていった。マスコミも報道検閲や発禁措置などの弾圧で真実の報道が困難になった。しかしいっぽう

で，人々が「進んで戦争の道へ歩みだした」ことも大きいのではないか。すなわち経済政策の「成果」の要因である。犬養毅・斎藤実・岡田啓介内閣の蔵相を務めた高橋是清は，金輸出再禁止（管理通貨制度への移行）政策を行って日本を経済不況から脱出させ，国民の暮らしに安堵感をもたらした。他方で，資金を軍需産業へ注入して「経済成長」させる循環が一層強まり，「戦争を求める経済成長」という破滅的な道が始まった。

のちにソーシャル・ダンピング非難によるイギリスのブロック経済圏がつくられたり，南進論による日本軍進駐で対立したアメリカが禁輸措置などを行ったりした。こうした動きを，「追い詰められた日本」がイギリス・アメリカなどと「やむを得ない戦争」に突入すると解釈する人たちもいるが，「戦争を求める経済成長」体制ができ上がったことが問題であった。

「アジア太平洋戦争」（「十五年戦争」「太平洋戦争」，当時の呼称でいう「大東亜戦争」）の原因を，「国民が騙された」「軍国主義に洗脳された」「軍部の暴走」「追い詰められた日本」という理由（認識）にしてしまうと，「国民は悪くない」「仕方なかった」となり，平和な未来をつくる歴史・社会認識としては不十分である。

④ヒトラーとチャップリン

世界史の第二次世界大戦期で必ず扱うようにしたのが，1889年4月16日生まれのチャップリンと，同年同月20日生まれのヒトラーである。背格好が似ていて，ちょび髭がトレードマークという見かけも似ている。チャップリンは，ヒトラーを徹底して笑い飛ばしてやらなければいけない存在として，1940年にヒトラー批判の映画『独裁者』を完成させた。両者とも子どもの時期に貧困や挫折に苦しんだ経験をもつが，その後は対照的な人生を歩んだ。人間のもつ二面性，それがまちがった方向に進んだときの恐ろしさ，まちがわないためには何が必要なのか—そんなことを歴史学習の最後に考えさせようとした。

⑤**本物にふれながら（文書館史料，実物教材の利用）**

2016年1月19日，埼玉県教育課程改善検討委員会地理歴史部会が主催する，埼玉県立文書館が所蔵する史料を使った1時間完結の公開研究授業「1931年〜1945年 文書館史料で学ぶ日本史特別授業」を行った。

導入では，総務省統計局資料から作成した「日本の人口　死亡者の推移」を紹介した（図5.2参照。2013・14年の死亡率10％に対して，1944年は29％，1945年は19％と高率）。「その原因は何か」と問いかけて生徒たちの予想を引き出し，当時の社会事情を確認した。その後，当時の実物史料（文書館所蔵行政文書）を使って授業展開した。一見難解な文書だが，授業用としてプリントとパワーポイントで平易な資料を作成した（図5.3参照）。扱った史料は6点で，それをグループ別に分担して考えさせ，全体発表して共有するという「協調学習」の手法（後述）で取り組ませた。読み取りのポイントとして「史料はいつのもので，何が書いてあるのか」，「こう言われたら，君たち自身はどうするか」の2点に絞り，あらかじめつくっておいた友人グループ3～4人で考えさせ，発表させた[2]。

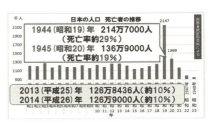

図5.2　スライド1枚目

　興味深かったのは，一部のグループが自分たちの選択を発表する段で，「当時の立場で選ぶのか，今の立場で選ぶのか」と質問したことであった（一瞬戸惑いつつ，両方の場合の意見を聞いた）。

　その後，「秘密情報　実は知らないところでこんな分析が」として次の補足情報を提示してまとめたうえで，感想を書かせた。

　ア）日本政府（内務省警保局保安課）
　　1945年7月
　　・空襲が増え，国民に恐怖感と軍への不信感が広がっている。
　　・「戦争に負ける」「早く戦争終わ

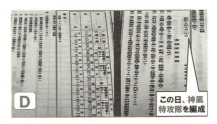

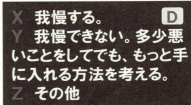

図5.3　スライド17～19枚目

第5章　「困難をかかえた高等学校」の現場から　51

れ」という悲観・厭戦気分。治安悪化と自暴自棄傾向が強まる。

イ）アメリカ政府（合衆国戦略爆撃調査団）1945 年

　・空襲の激化で日本国民は，勝利を疑い，敗北感をもち，戦争継続意志を喪失した。

ウ）米内海相と阿南陸相の対立（下村海南『終戦記』）1945 年 5 月

　・首相，陸相，海相，外相をはじめ政府の最高指導者たち　「ドイツが降伏（1945 年 5 月）し，もはや日本には絶対勝ち目がない。どうやって戦争を終結させるか。」

　・陸相　「日本近海，日本本土へ敵を引きつけ決戦すべし。」

　・海相　「もはや全く勝てる見込みはない。一日も早く講話すべし。」

　・鈴木貫太郎首相　「どこかで勝ち戦をして，ごくわずかでも有利な条件で講話のキッカケをつくりたい。戦争は継続するが，和平工作も同時に進めたい。」

　研究授業で参観者が多かったこともあるが，授業を成立させるのが困難な傾向のあるクラス—授業に関心をもてない，私語，じっとしていられない，居眠り，先生に怒られるから黙って座っているだけ，板書を書き写しているだけ，多欠席などの生徒が多い—で行ったこの授業は，次の 2 点で手応えを感じることができた。

　一つは，一見難解な史料でも読み解く手立て（自主作成プリントやパワーポイント資料など）と適切な発問（考えやすい発問）を設定することで，どの高校生にも「考える授業」は可能なことである。

　二つには，議論をさせるには無機質なランダムな関係でグループではなく，話しやすい環境を設定することが必要なことである。「話しやすい」というと授業の流れから脱線することを危惧するが，そうしないとお互いにまったく黙ってしまい，意見交換すらできないことが起きる。非寛容な教室空間にいる生徒たちにその傾向はとくに強い（逆に「進学校」では，表層的な理屈を並べるだけで，本音トークにならないことも予想される）。煩雑だが，原則 50 分の授業時間のなかで，「教え学ばせる環境（時間）」と，「考え議論させる環境（時間）」との

使い分け設定を用意すると有効である。

　この検討委員会ではさらに2月5日，埼玉県立文書館に直接高校生を集め，実物の文書史料に触れて，見て，読み解く作業をさせるワークショップを開催した。「土曜日に勉強のために高校生を文書館に集めて文書史料を読み解く」イベントは，参加者を募るのに困難はあったが，最終的には20名ほどの高校生が参加した。教員，県教育委員会，他県博物館関係者なども参加し，全体で40名ほどとなった。参加した高校生は「進学校」の生徒だけだった（ことは課題だ）が，先人たちが遺した史料の「語りかけ」を見事に読み解くことができ，皆満足そうな表情であった。

　ところで，実物教材を教室に持ち込む手法も有効だが，保存上の問題も含めて，「ドラえもん」のように次から次へと提示することはできていない。

⑥有効と思われる二つの授業方法

ⅰ）「アクティブ・ラーニング」「協調学習」

　2020年度実施に向けた学習指導要領改訂作業では，「何ができるようになるか」「何を学ぶか」「どのように学ぶか」の3点を重視している。「どのように学ぶか」では「アクティブ・ラーニング」という言葉がよく使われるが，これは「ただアクティブであればよい」のではなく，深く思考する過程のなかで主体的能動的な学びをいかに続けていくかということだとされている。

　埼玉県は2010年度から，「小・中・高等学校の先生方に大学から生まれる新しい知識やその教育方法を発信し，みんなで教育の質を高めること」を目的とする東京大学の「大学発教育支援コンソーシアム」（略称「CoREF」）と共同して，知識構成型ジグソー法による協調学習3）を推進している。発問・資料提示→エキスパート活動（専門家活動）→ジグソー活動（意見交換と統合作業）→クロストーク活動（発表による共有）を経て，最後に最初の発問に対する自分の振り返りを行うものである。学習の「型」を重視している点や，発問・資料提示部分で教員の力量が問われることに難もある。進め方に注意しないと，教員のお膳立てしたテーマの範囲内で生徒が「活動しているように見える」レベルにとどまりかねない。しかしそれでも，「チョーク＆トーク」で1時間を終えるパター

ンのマンネリ繰り返し授業に一石を投じるものである。先述の「文書館史料で学ぶ　日本史特別授業」でも，その手法を部分的に取り入れた。

ⅱ）歴史レヴュークイズ方式学習

「歴史学習は暗記ではない」という言い方があるが，生徒たちはそう思っていない（思えない）。実際「考える授業」を意識していても，必要な人物，出来事などはたくさんあるし，定期考査におけるペーパー試験では答えを書かせることでしか学力測定できない。論述形式の出題をすれば限られた時間内での採点や採点基準の設定がむずかしい（経験では100〜200字程度の短文で答えさせるもの2問程度）。また，低学力に悩む高等学校では「書かない（書けない）」白紙答案も出てくる。それは即，欠点や進級・卒業に関わる別の問題に直結する。

　他校で行われた協調学習による公開研究授業を見学した際，ある先生（美術）がiPad片手に，用意した解説資料や生徒のリアルタイム作品を大型テレビ画面に映し出しながら授業を進めていた。それに刺激を受けて，授業の冒頭で「レヴュークイズ」と称して，前時の学習内容について復習することを思いついた。パワーポイントを使いながらアトランダムな一問一答の問題を映し出し，挙手して口頭で答えさせるものである（毎回20問程度）。できるだけ多くの生徒に発言機会を保障するため，一人が答えてよい上限を2問までとし，早押しクイズのようなかたちで行った（成績ポイントとして加点する仕掛けもした）。授業を重ねるたびに出題範囲は広がることになる。

　アメリカの高等学校の教室では挙手して自分の意見を答えることは一般的だが，日本の高校生は自分から挙手して答えることは稀有である。しかし，この方法は予想以上に成果があった。授業の導入として頭を活性化させることに役立ち，ほかの場面でも発言しやすくする環境づくりに役立った。しかも生徒から「自然と歴史用語が理解できる」と好評であった。何より，教室の授業で競い合って挙手をして答え，正解を喜ぶ表情は実に新鮮だった。

第3節　歴史・社会科教育の実践で身につけたい力

以上の授業実践①〜⑥を振り返ると，以下のようなまとめになる。

(1)「リアルな生活感に通じる」「未来を創造できる」歴史学習の視点

　歴史上の出来事について，当時の人々がどのような環境のなかで，どのように考え行動したのか。その選択でよかったのか。また，現在を生きる自分たちと共通していることはないのか。あるとすれば，未来をどのような社会に創っていくべきなのか。そのためにはどんなことが必要なのか。以上の点を考えさせることである。「歴史は過去と現在の対話」としたE. H. カーの言を借りれば，「現在と未来を対話するリアルな現代学習（政策立案学習）」とも言えよう。「18歳選挙権に必要な学力」ともなろう。

(2) 多面的多角的に学ぶ歴史学習の視点

　歴史上の出来事について，どんな立場の人がどんなことを考え行動したのか。異なる立場にはどんな人々がいたのか。その際必ず取り上げるべきは，少数者・弱者からの視点である。そのうえでどの選択肢を選べばよかったのか。「良くない」選択肢を選んだとすれば，どうしてそのような選択をしてしまったのか。何が支障になっていたのか。以上の点を考えさせることである。

(3) 専門的知識をもったコーディネーターとしての教師の視点

　筆者は，教師は「専門的知識をもった」（最新の研究成果や，どのような視点の意見があるかを知っている）うえで，授業展開ではコーディネーター（問題提起・調整者）としての役割を自覚すべきと思っている。その理由を2点述べる。

　第一に，授業のテーマ設定は自ずと教師の考えや主張を反映する。無意識であれ，事なかれ生徒であれば教師の期待する答えを書く傾向がある（もちろん本気で同じように考える場合もある）。あるいは「あの教師は○○という考えだ」というレッテルを貼り，思い込み的な答えにとどまる傾向もある。仮に教師の考えが「正解」であるなら考える必要はないし，世の中の難題も簡単に解決してしまうだろう。しかし現実はそうではない。

　真摯に生徒とともに学び，考え続ける授業でなければ「未来を創造する」ことはできない。それゆえ「右」の主張をする生徒には「左」の主張をぶつけて考えさせる。逆も然り。プリント作成などでもその点を意識し，授業を通じて生徒自らが疑問を抱くことが第一歩である。

第二に，不登校・暴言・暴力・いじめ・非行といった問題行動全般に共通する最大のリスク要因は学業不振である（「学力を高めるやり方」と「動機づけるやり方」は別物）。本来学校（教員）は，特別支援教育コーディネーター，スクールカウンセラー，スクールソーシャルワーカー，関係機関などの担当者とともに，該当の生徒がどこで，どのような行き詰まり方をしているのか，という実態把握が重要である（家庭環境の把握や保護者対応も必要になる）。さらにそれを「個別の支援・指導計画」「個別の教育計画」などに整理することで継続的な指導の積み重ねが可能になる。しかし学校現場ではそのような理解・実践が広がっているとはいえない。私もそのような視点での「授業の前提となる心の基盤づくり」[4]は十分できなかったと反省している。

　2011年6月18日，「困難をかかえた高等学校」で，学校として埼玉県下初の「東北支援ボランティア」を実施できた。「（何か役に立ちたいという）思いをかたちにする」高校生の活動として，生徒たちの自尊心や社会とつながっている意識を育てるうえで有効だった。そんな歴史・社会科教育でありたいと思う。

［堀口　博史］

■注
1) 2016年7月10日の参議院選挙で，18歳の投票率は51.17％，19歳は39.66％，18歳と19歳を合わせた投票率は45.45％だった。18歳は主権者教育が行われた影響，19歳は大学生・社会人ということが影響しているという意見がある。
2) 6点の資料をグループで考えさせる際，歴史が得意なグループには「国際連盟の決議に反対する横須賀市国民大会」「第8次満州農業移民先遣隊募集」のような教科書的史料を，歴史が苦手な生徒グループには「食糧配給要綱」「昭和20年前期甲種飛行兵海軍志願兵募集」（特攻隊員の可能性大）のような身近な生活の史料を考えさせた。興味関心度に応じて「個別の支援・指導」を行ったつもりである。
3) http://coref.u-tokyo.ac.jp/concept#collabo（2016.10.30閲覧）
4) 詳しくは，小栗正幸『ファンタジーマネジメント―“生きづらさ”を和らげる対話術』（ぎょうせい，2015年）を参照されたい。

第2部
主権者教育と地域をつなぐ

第6章　社会科教育史からの政治教育への接近

第1節　社会科・政治教育の変容

　国民は選挙によって政治家を選び，その選ばれた政治家の決定を通じて，意思決定したとみなす。こういった従来の社会科・公民科が前提にしてきた基本的な理念や概念が崩れ始めている。

　1990年代，住民投票という手段によって，原発・空港の建設などの国策に対し，地域からの異議申し立てをする動きが広がった。この「自分たちのことは自分たちで決める」，つまり住民自身による住民決定という住民自治拡大の動きは，2000年代に入ると，「平成の大合併」に対する意思決定や異議申し立ての手段として用いられるようになる。合併の是非やその合併相手を問う，このような住民投票が広がるなかで，「市町村合併時に20歳となる未来の有権者が，合併後の市区町の在り方に意見を反映できないのはいかがなものか」という意見が生まれ，2002年秋田県由利郡岩城町（当時）において，18歳にも投票を認めた住民投票が史上初めて実施された。たしかに，国政における18歳選挙制成立そのものは，若者に社会参加を促し，それをさらに拡大しようという世界的な潮流の一貫である。しかし，18歳選挙制成立の背景には，同時に，住民自治への覚醒があるという点も押さえる必要があるだろう。参政者の拡大によって住民同士の連帯を深め，さまざまな困難を乗り越えようという，現代の社会における新たな試みの一端に位置づけられるべきものである。

　東京都では初となる住民投票（小平市，2013年実施）推進の中心を担った國分功一郎は，民主政治の現状と課題として，「主権を立法権として定義し，立法府を決定機関と見なす近代政治哲学の理論は欠陥をかかえている。現状において，立法府が決定機関というのは建前にすぎず，実際の決定は行政機関が下し

57

ている。私たちは，選挙を通じて立法権力に部分的にたずさわることができても，行政権力にはほとんどかかわることができない。よって，多様な制度，例えば住民投票などを実質化することで，行政権力による決定にも介入できるようにし，民主主義を強化していくしかない」と指摘する[1]。

　國分が主張するように，議会制民主主義がさまざまな危機を迎えた現在においては，社会科，そして政治教育は変化する必要がある。「自らが自分たちのことを決める」といった自治意識の涵養を児童・生徒に対して行い，政治的意思決定者としての自覚を促すことは，学校における政治教育の重要な役割としてとらえられるべきである。学校・地域での政治的決定過程を通じ，主権者，つまり政治的意思決定者としての自覚を育てることは，今後，学校に求められる一つの役割となることはまちがいない。

　しかし，現在の社会科実践では，このような自治意識・住民意識に端を発した政治教育は，残念ながらあまりみられない。だが，過去の社会科においては，児童・生徒自身の問題意識から出発し，学校や地域を教材にした政治教育が実践されていた。

　そこで，本章では，地域における住民意識涵養と主権者育成，つまり地域社会における民主的な政治主体育成を行った過去の実践を検討することとしたい。本作業を通じて，今後の主権者教育・政治教育のあり方を検討したい。

第2節　社会科教育実践史からの接近

(1) 無着成恭『山びこ学校』

　1945年，日本は敗戦を迎え，画一的な皇民化教育から，民主社会における自分の頭で考えることができる市民の育成，民主的政治主体の育成がめざされるようになった。そのための新教科として社会科が誕生したが，実践内容については例示にとどまり，具体的な中身は現場教師レベルに任された。

　この状況下で無着成恭は，山形県山元村立山本中学校（当時）に赴任する。文部省（当時）例示の社会科のあり方に疑問を感じた無着は，生活綴方を使った実践を行う。その実践成果として，綴方集（作文集）『山びこ学校』が出版されると，

58　第2部　主権者教育と地域をつなぐ

瞬く間に全国的なベストセラーとなった。子ども自身の筆によって，貧困にあえぐ村の厳しい生活，その生活を克服しようとする姿が，生き生きと描かれた『山びこ学校』は，民主化教育としての社会科の理想像として受け止められたのである。

生活綴方とは，子ども自身が生活のありのままを書き，お互いにその作文を教材として読み合う実践方法であるといえるが，作文だけでは終わらない。たとえば，子どもの作文から「教育を受けるとなぜ百姓がいやになるのだろう」といった問題を抽出する。そこから，生徒同士の議論を通じて，「百姓は働く割合に儲からないから」という結論にいたる。しかし，その結論を，ただ受け入れさせない。無着は，生徒各自に家計簿をつけさせ，本当に儲かっていないのかを生活のなかから吟味させる。このような学習過程を繰り返すのである[2]。

(2) 無着実践とその成果

では，地域社会における政治主体育成が，本実践ではどのようなかたちで現れているといえるのか。『山びこ学校』は，綴方集であるがゆえに，作文・詩が中心である。社会科実践ともいえる「調べる」過程も含まれた作品，「調べる綴方」実践の作品は，調査結果レポート「学校はどれくらい金がかかるものか」しかない。そこで本項では同レポートを検討する。

調査レポートは冒頭，次のような文章で始まる。「今，私たちの家では金がなくて困っています。私たちが教科書の代金とか紙代とかをもらうにも，びくびくしながらもらわなければならない」[3]。そこで，「学校というものは，どのくらい金がかかるものか」[4]を班で調べる。

まず，学級全員の小遣い帳を集め，学級全体の「一年の総支出額を出し，平均を出」[5]すことにした。その結果，生徒たちの支出にはほとんど無駄がないことが明らかになった。つぎに，学級での支出をもとに，山元村の小中学生の総支出を推計，村の総収入や主要な収入源を村役場に問い合わせ，各戸の平均収入・家計に占める小遣いの割合，村の総収入に占める小遣いの割合を算出した。その結果，学級からは「学校にはいっていると金がかかるから親にえんりょして学校にこなければならないのだ」[6]という声が上がることとなった。また，

村の教育予算を調べた。そこから山元村の予算に占める教育予算の割合が13.74％と算出され，次の主張が述べられる。「理科の時間を見てください。実験道具がなくて，ただ本を読み，こうなるんだ——という話でおわってしまいます」[7]，「山元の二倍の村予算を持つ本沢では，学校予算が一四・四％で，ざっと山元よりも一％も多い」[8]。そして，次の結論で結ばれる。「私たちの学校に，もっと予算を多く，せいぜい二〇％以上でなければ，うまい学校教育はできないのじゃないでしょうか」[9]。

　本実践には，現在の実践とは異なる点が多くある。①自分たちの学校や地域におけるリアルな生活がもとになっていること，②調査結果をもとにして，村の財政分析を行っていること，③調査結果をもとに村への政策提言を行っていることである。つまり，生徒の生活実感から生み出された調査であるがゆえに，より政治的な調査であり，政治的な提言になっているのである。

　このことは，現在の社会科・総合的な学習の時間の実践で行われる市長提言などとのちがいとなってくる。近年の実践では，生徒自身による地域調査から，学習問題そのものが見いだされることが多い。たとえば，放置自転車の問題などである。このような，地域調査を通して政治的課題を見いだすという点においては，無着実践とのちがいはない。しかし，無着実践では，その課題解決における生活のリアルさ，課題解決への切実感（①）は際立つものとなる。また，実践過程に財政分析を組み込むこと（②）によって夢を語るだけの無理な提案，言いっ放しの政策提言にはならないようになっている。これによって，財政分析（②）から出された提言（③）は，より実現性が高いものとなり，決して，子どもの意見にとどまらず，行政も住民の意見として聞かざるを得ない説得力のあるものとなっているのである。

　このような無着の実践方針が，村とさまざまな軋轢を生んだことはいうまでもない。物言う市民を育てようとした無着の実践は，リアルな生活実態を暴いたとものとされ，大きな反発を招いた。後年，無着は村を去ることとなる。

　たしかに学校における政治教育が，実情を「暴く」展開になることは多い。地域住民でもある児童・生徒が，生活をリアルに綴り，学校で開陳するという

ことは，学校に地域の問題をもち込むことにもなりかねない。だが，あえて地域の問題を教室にもち込み，地域における政治的「対立」をみせることによって，地域社会におけるリアルな政治的主体育成を行おうとした実践を紹介したい。

（3）若狭蔵之助「児童公園をつくらせたせっちゃんのおばさんたち」

　若狭蔵之助によって，1969年，小学校6年生を対象として実践された本実践は，まず「ぼくが政治家だったら」という題のアンケートから始まる。つぎに，若狭は子どもたちに「公園が出来るまで」の過程を聞き取り調べさせる。子どもたちは，班別に誰が公園をつくったのかを調べ，公園の元地主や町会長，区会議員に聞き取りを行う。しかし，公園をつくるのに「どうして五年間もかかったのか」という問題にぶつかることになった。「自分たちがとても必要だと思うことに対してあまりにも時間がかかりすぎているのではないか」[10]。話し合いの結果，地元のお母さん方が請願したらしいということまではわかった。そのとき，若狭はノートと1枚のはがきを取り出す。「児童公園をつくる会の記録」と題されたそのノートとはがきから，住民運動の中心人物が隣クラスの母親だったと判明した。児童はそのノートを丹念に読み，さらにその母親をクラスに呼び，「一見とりとめもないような苦労話」[11]を聞く。そして，次のような認識に至る。

　「あの公園はお母さんたちの努力と苦労のたまものだと思う。『公園がほしいな』と思うだけで，請願もしないでいたのでは，絶対に公園なんかできない」[12]，「議員はその地区に住んでいる人の希望を聞いて，それを代表して発表するということがわかった。だから政治はそこに住んでいる人が中心なのだ」[13]と，政治主体として具体的に行動した，母親たちのリアルな姿を通じて，民主主義の政治過程とその複雑さ，困難さを理解することになったのである。

　本実践は，地域にくらす児童自身にとって身近な公園を教材に，その公園設置の背景を探ることで，地域におけるさまざまな政治アクターと出会い，「母親たち」という具体的な，地域における政治主体の行動過程をたどることで，地域における政治主体育成につなげようとした実践という評価ができる。もちろん，子どもたちが「児童公園をつくる会」のノートから，具体的な政治過程

をすべて学べたとは考えにくい。しかし，調査過程において，「誰が公園をつくったか」という問いから，さまざまな政治主体（公園周辺の人々・町会長・区役所・区議・母親）を自ら調べ歩き，政治過程の複雑さ，その困難さ，また議員の役割や役所（行政）のありようが学べるようになっている。さらには，母親たち自ら政治活動に飛び込み，さまざまな壁にぶつかりつつも要求を実現するという具体的な政治過程が，調べる過程で明らかになっていくようにもなっている。ここから，地域社会における課題解決は容易ではないこと，その過程の複雑さ，同時に「請願もしないでいたのでは，絶対に公園なんかできない」という，自ら政治主体として行動しないかぎり，希望・要求は実現できないことを学んだことは確かである。その点において，地域における政治主体育成を実現した実践であるといえる。

　現在の主権者教育実践においても，議員などを招き，話を聞くことはある。また，模擬議会などを通じて，政治過程を学ぶ実践も存在する。しかし，そこでは，要求がどのように処理され，実現されていくかの過程は学べたとしても，自分たちの要求をどのように実現していくのか，その具体的な方法について学ぶことは困難である。いっぽう，本実践では，具体的な人物（たとえば，母親）の姿から政治過程を学ぶことを通じて，地域における政治主体形成過程，つまり，地域における民主的主体，主権者になる過程が理解できるようになっている。

第3節　高校生の政治参加をめぐる課題

　2015年，「高等学校等における政治的教養の教育と高等学校等の生徒による政治的活動等について」が改正された。その改正前通達（1969年）では，「政治的教養の教育は，生徒が，一般に成人とは異なつて，選挙権などの参政権を制限されており」，「将来，国家・社会の有為な形成者になるための教育を受けつつある立場にあることを前提」にすることになっていた。つまり，選挙権のない20歳未満の高校生は，教育を受ける立場であって，学校は，将来の公民を育てるにとどめるよう明示されていた。さらに，「生徒は未成年者であり，…

62　第2部　主権者教育と地域をつなぐ

選挙権等の参政権が与えられていないことなどからも明らかであるように，<u>国家・社会としては未成年者が政治的活動を行なうことを期待していないし，むしろ行なわないよう要請している</u>ともいえること」（下線筆者）とされていた。

18歳選挙制実施以降の現在，本通達が整合しないことはいうまでもないが，とくに下線部をふまえるとすれば，18歳選挙制実施によって，通達は「国家・社会としては18歳以上の高校生が政治的活動を行うことを期待しているし，むしろ行うよう要請している」と読み替えられなければならなかったはずである。しかし，文科省は改正後も「高等学校等の生徒による政治的活動等は，無制限に認められるものではなく，必要かつ合理的な範囲内で制約を受けるものと解される」として一定の制限を是認[14]している。

たしかに，文科省は，指導上の留意事項として，「生徒が有権者としての権利を円滑に行使することができるよう…具体的な投票方法など実際の選挙の際に必要となる知識を得たり，模擬選挙や模擬議会など現実の政治を素材とした実践的な教育活動を通して理解を深めたりすることができる」よう求めている。ここからは，投票行動や議会選挙を中心にとらえていることがみてとれる。しかし，児童・生徒自身による学校改善の動きを「政治活動」ととらえた場合にはどうなるか。たとえば，学校へのクーラー設置を求めることは，政治活動といえないだろうか。

若狭は，実践の導入場面でのアンケート，「ぼくが政治家だったら」の結果をふまえ，次のように述べている。「たとえば『夏休みに宿題を出さないでほしい』という要求は決して政治的要求ではない。しかしこれが『全教室に電灯をつけてほしい』というと政治的要求となる」[15]。

第4節　現在の主権者教育

上述した改正前通達以降，学校における政治教育は困難となり，実践そのものはあまりみられなくなる。このような状況下においての18歳選挙権成立は，学校にとって晴天の霹靂といえる事態であった[16]。

本節では，このような低調な政治教育の状況に対し，果敢に切り込んだモデ

ル実践，総務省・文科省作成『私たちが拓く日本の未来』(2015年)[17]を検討する。同実践案では，生徒に対して，国家・社会の形成者として「民主主義の担い手」になることを求め，同時にわが国が「間接民主主義」をとっていることが強調されている。具体的なアクティビティ案として，模擬選挙(実際の知事選にあわせた模擬選挙含む)・模擬請願・模擬議会が設定されている。これらの活動は，主に地方自治体が想定されているため，生徒にとっては，国政よりも理解しやすいものとなっている。しかし，同実践案では，政治が，議会制度そのものであるという政治理解の矮小化が生じかねないという課題が存在する。18歳選挙制成立の背景，議会制民主主義の機能不全や住民投票への拡大といった，政党以外・政治家以外の政治アクターへの理解が進みにくいという課題が残るのである。

　たしかに，現実の政治において，最も理想的な状況は言論による説得である。しかし，現実にはさまざまな利害対立が存在し，困難な局面もあることは，若狭実践からも容易に理解できることである。政治決定において，完全な合意形成はまずあり得ない。よりよいと思われる案を多数決で決定し，合意形成が〈擬制〉されるのである。若狭の実践において示された区議や住民などのさまざまな政治主体がうごめいた結果の「合意」の場が，議会なのである。

　つまり，本実践案は，現実の政治をトレースし学ぶというよりも，理想的な民主社会における意思決定過程を，模擬活動で学び，未来の有権者になるための〈準備〉をするという性格が強い。この点において，今，まさに投票行動や政治活動が求められる高等学校3年生以上の有権者に対する教育として限界がある。これからの政治教育が，無着や若狭の実践などから学ぶことの意味はここにこそ存在するといえるだろう。

　過去の社会科実践においては，地域社会を舞台に，自らの希望や要求を練り上げ，政策提言するといった活動が行われていた。これらの実践は，具体性が高く学習意欲や理解が深まるといった側面があった。いっぽうで，通達などの影響により，そういった実践は減ってしまった。しかし，2000年代以降，模擬投票実践を突破口として，若者の政治参加を促そうという動きが広がり，そ

れが18歳選挙制を後押ししたことは、評価されなければならない。だが、このような模擬実践は、具体性に乏しく、生徒の実感から乖離していることも多いといわざるをえない。たとえば、放置自転車問題などの課題を取り上げることの問題点はすでに指摘したが、そういう解決策提案は「若者の提案を聞いた」というかたちでとめおかれることも多い。なぜなら、予算支出が可能か、なぜほかの課題解決よりも先に予算支出すべきなのかなど、無着実践にはみられた具体性がみられないからである。大人もうならせて初めて、政治的主体の育成につながると筆者は考える。

このような具体性をもたせるという課題に対して、若狭実践では、住民運動だけでなく、政治家・町内会などの人々のリアルな姿をみせ、要求実現の困難さを明確に示している。そもそも、政治家になる子どもはきわめて少ないのであって、主権者に求められる能力＝政治家に求められる能力でない。ほとんどの子どもたちに求められる主権者としての能力は、政治を投票行動のみでなく、要求実現のための請願などといった具体的政治行動がとれる能力の育成であって、その方法まで学ぶことで初めて主権者育成といえるのではないだろうか。

18歳選挙制の成立によって、高校生の一部は、参政権（市民権）において、われわれ教師と対等となった。そのとき、有権者・主権者として対等な教師と生徒が、どのような授業と実践をつくり出すのか。20歳で完成するものとして想定されたカリキュラムから、高等学校3年生段階で完成するカリキュラムとして、社会科・公民科は書き換えられる必要がある[18]。そのとき、小学校では若狭実践のように、政治的なロールモデルを示す、中学校では無着実践のように、具体的な要求を行政に実現させるための調査・提案を行う、高等学校では文科省・総務省のように、小・中で学んだことを実際にやってみるといった小・中・高等学校を貫くカリキュラム構想は可能であるとし、実現させる必要がある。

［鈴木 隆弘］

■注
1) 國分功一郎 (2013)『来るべき民主主義─小平市都道328号線と近代政治哲学の諸問題─』幻冬舎,

pp.10-25

2) 無着成恭編 (1951)『山びこ学校』青銅社,「あとがき」

3) 同上, p.128

4) 同上, p.129

5) 同上, pp.130-131

6) 同上, p.137

7) 同上, p.138

8) 同上, p.139

9) 同上

10) 若狭蔵之助 (1973)「公園をつくらせたせっちゃんのお母さんたち」『民衆像に学ぶ』地歴社, p.63

11) 同上, p.83

12) 同上, p.80

13) 同上, p.85

14) 愛媛県教育委員会は, 放課後学校外での政治集会などへの参加に対して, 届け出制とし, 一定の制限を加えている。これについて, 文科省は各学校・教育委員会が判断すべきこととしている。

15) 若狭, p.51

16) そもそも18歳選挙制そのものは, 改正国民投票法の成立によって3年前の2014年から導入されることが決まっていたにもかかわらず, それに備えた学習指導要領改訂がなされなかったことは不可解といわざるをえない。18歳選挙制が, 社会科・公民科のカリキュラムに及ぼす影響については本章末を参照のこと。

17) 総務省・文科省 (2015)『私たちが拓く日本の未来』生徒編／教師編

18) 本来, 主権者教育は, 義務教育修了の中学校段階において一定の完成をみる必要があることはいうまでもないが, 高校進学を選ばなかった青年に対する教育についても検討される必要がある。この点については, 若年層に対する主権者教育と社会教育との連携が検討される必要があろう。学校外からの政治的働きかけについては『どぶ川学級』労働旬報社 (1969) の実践が参考になりうる。

第7章 地域に生きる力を育てる社会科授業
―地域問題克服に向けた「つながり」の視点―

第1節 「第二の国民」目線としての農山漁村地域問題

　人は生まれる場所を選べない。しかし，どこで生まれるかは，職業選択の幅や経済的な豊かさなど，その人のライフコースに多くの制約をもたらす。すなわち，中央と地方，都市と農山漁村（以下，「農村」と総称）という生まれた場所の差異が，個人の生活の場を制限し，自己実現の機会を規定するのである。

　私たちは，こうした場所による制約を克服するために移動する。とりわけ，農村に生まれた子どもたちは，進学や就職といったライフイベントを機に移動するかどうかの選択を強いられる場合が多い。急速なグローバル化の進展や新自由主義的な競争原理の導入，効率優先の政策のもと地方経済は疲弊し，人口減少に歯止めがかからない。農村地域の子どもたちは，好むこと好まざるにかかわらず移動を前提としたライフコースを選択せざるを得ないのである。

　本書は第1章において，社会科教育における主権者教育の視点として，「第二の国民」目線を導入することを主張している。従来の社会科教育では，「第一の国民」としての都市住民を想定し，教育内容や教材を選択してきたといえるだろう。それは，全国各地に建設されている大規模ショッピングモールや街道沿いのロードサイドショップの集積，張り巡らされたコンビニエンスストア網，ネット通販の普及など，私たちの消費生活が，都市―農村という地域差を超えて均一化されていった結果であると理解できる。しかし，現代の農村がかかえる深刻な地域問題は，多くの場合，都市と農村との地域格差に起因しており，その結果として若者の人口流出につながっている。本章では，「第二の国民」目線としての地方圏の若者に焦点を当て，社会科授業が地域に生きる力をどのように育んでいくべきなのかを検討したい[1]。

第2節　人口移動の実態

本章の目的を達成するために、まず日本の人口移動の実態について理解しておこう。図7.1は、1955年以降の三大都市圏への人口流入の推移を示している。第二次世界大戦後、日本は農村地域に滞留する余剰農労働力を都市や工業が吸収するかたちで経済発展を遂げた。それが顕著にみられたのが、1950年代半ば以降の高度経済成長期である。この時期は、急速な工業化の進展により安価で大量の労働力が必要とされ、地方圏から三大都市圏への人口流出がみられた。同時にこの時期は、地方も工業化都市化の時代であった。全国総合開発計画（1962年）や新全国総合開発計画（1969年）などの国土計画を契機として地方の工業化が推し進められ、太平洋ベルト地帯や地方都市に人口が集中した。しかし、2度にわたるオイルショックを経て低成長期へと突入した日本経済は、1970年代後半から80年代にかけて、重厚長大型から軽薄短小型へと産業構造

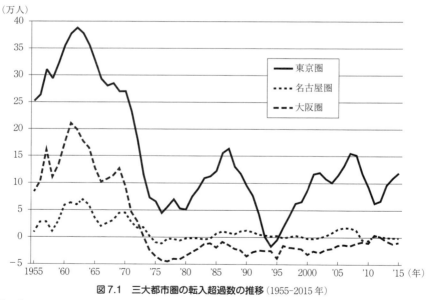

図7.1　三大都市圏の転入超過数の推移（1955-2015年）

注：①1955-72年までは沖縄県は含まない。②東京圏：東京都・埼玉県・千葉県・神奈川県、名古屋圏：愛知県・岐阜県・三重県、大阪圏：大阪府・兵庫県・京都府・奈良県
出所：総務省『住民基本台帳人口移動調査報告書平成27年（2015年）結果』2016年

の転換を迫られることになった。企業は従来の少品種大量生産体制を見直し，市場動向に即応した多品種少量短納期生産体制の確立を急いだ。具体的には，大都市およびその周辺地域において研究開発と試作を行い，製品の量産は地方圏で行うという地域間分業体制の構築である。こうした工場の地方分散は，高騰した大都市圏の賃金と地価の回避という側面を併せもちながら，地方圏において大量の雇用を創出することになり，結果としてこの時期の大都市圏への人口流出を減少させた。

　その後，1985年のプラザ合意以降の円高基調を背景に，日本経済は一気にグローバル化の波にさらされていく。首都である東京には情報と資本が集中・集積し，バブル経済の最盛期には再び人口が集中するようになる。この時期，いったんは地価の急騰など東京一極集中の弊害が顕著になり流入人口は減少したが，1990年代半ば以降はグローバル化がさらに進展し，世界都市・東京の

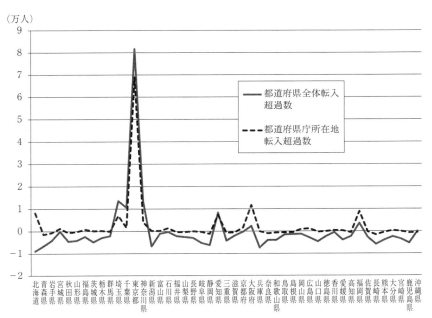

図7.2　都道府県および都道府県庁所在地の転入超過数（2015年）

出所：図7.1に同じ

第7章　地域に生きる力を育てる社会科授業　69

担う役割がますます重要になると，ほかの大都市圏への人口流入が停滞するなか，東京圏だけが膨張するという様相を呈するようになった。まさに東京一極集中の常態化である。それに対して地方圏では，大都市圏からの進出工場や下請け関連工場がグローバル化の波に飲み込まれるかたちで海外移転や閉鎖に追い込まれる事例が多くみられ，地域経済は疲弊し，限界集落問題や耕作放棄地の拡大など人口減少に伴う深刻な地域問題が噴出していった。

　地方圏における人口移動をさらに詳細にみてみると，東京圏以外のほとんどの道府県の転入超過数がマイナスであるのに対して，道府県庁所在地のそれはプラスか現状維持を示していることがわかる（図7.2）。さらに，北海道の札幌市や東北地方の仙台市，九州地方の福岡市などの地方中核都市は，各ブロックのなかで図抜けて高い転入超過数を示している。つまり，地方圏の各市町村が送り出した人口は，東京圏だけでなく，県内の大都市である県庁所在地や地方ブロックの中核都市へも流出しているのである[2]。結果として，統計的には地方圏の市町村→県庁所在地などの県内中核都市→地方ブロック中核都市→三大都市圏（とくに東京圏）という人口の玉突き地域間移動というかたちで表れている。

　こうした地方圏から大都市圏への人口移動は，一般にはその時の経済状況に規定されているといわれ，所得格差が広がったときほど地方圏から所得水準の高い大都市圏への人口流出が増加している。

第3節　移動する農村の若者たち

　それでは，地方圏から大都市圏へ移動するのはどのような人々であろうか。2015年の三大都市圏への年齢別転入超過数（総数：＋10万8918人）をみると，15〜19歳（＋3万2033人），20〜24歳（＋6万8953人）といった若い世代の転入超過が突出している。その要因が進学や就職によることはいうまでもない。地方圏の高校生が大学進学を希望する場合，地元の大学の入学定員は少なく，学部も限られているため，大都市圏の大学を選択せざるを得ないことが多い。近年，景気停滞により受験生の地元大学志向が強まっているが，進学率が上昇していることもあり，大学数の多い大都市圏への進学率は高い割合を示している。

70　第2部　主権者教育と地域をつなぐ

2015年度の場合，出身高等学校と異なる都道府県の大学に進学した者の割合は57.5％にも上っている[3]。いっぽう，高卒者の就職先に関しては，高度経済成長期には大都市圏に労働力を大量に供給していたが，就職者数自体が減少していることに加え，地方圏の都市化・工業化が進展したことにより雇用機会が拡大し，地元での就職を希望する者が多くなっている[4]。こうした傾向には，長引く不況下で大都市圏へ行っても望むような職が得られないのならば，仕事の選択幅は限られるが地元に残って働いたほうがよいという判断が働いているものと考えられる。

　他方，20～24歳は大学卒業後の就職による場合がほとんどである。大学・大学院新卒者の就職に伴う移動実態は，高卒者とは逆に大都市圏への移動が多くみられる。とりわけ，北海道や東北地方の各県では20％以上が大企業の集積する南関東に移動しており，九州地方や四国地方でも地元以外の地方中核都市や大都市圏に就職している者の割合が高くなっている。こうした高学歴者が大都市圏へ移動する傾向は，従来の研究が示すように「高い人的資本を活用できる賃金の高い仕事への就業機会が全国にあるので，都道府県を越えて移動するメリットが享受できるからである」[5]。しかし，大都市圏への大学進学には重い経済的負担がかかる。そのため，経済的に余裕のある家庭に育った地方圏出身者は大都市圏の有名大学に進学し高所得の就職先を確保できるのに対して，余裕のない家庭で育った者は地方にとどまり低所得の職業に甘んじる場合が少なくない。地方圏における大学進学や就職による地域移動は，その後の社会的経済的な地位を規定する要因として機能しており，若者の二極分化とその固定化が指摘されている[6]。

第4節　地域を担う人材の確保とUターン者

　以上のように，地方圏の若者たちの多くは，進学や就職を契機として自らの生まれ育った地域を離れることを余儀なくされている。高卒就職者のように県外への移動が少ない場合でも，地元に雇用機会を見いだすことがむずかしい場合は，近隣の都市へ，さらに県庁所在地などの中核都市へと県内移動をせざる

を得ない[7]。地方圏の農村地域に生まれた若者たちは，好むと好まざるにかかわらず移動を前提とした自らのライフコースを選択しなければならないのである。

「地方消滅」や「限界集落」といったショッキングな言説が流布し，「地方創生」「地方再生」が声高に叫ばれている現在，農村地域では疲弊した地域を活性化するためにさまざまな取り組みが試みられている。こうした取り組みの成否を握っているは，究極的にはそれらを担う有為な人材をいかに確保できるかという点につきる。しかし，従来から農村地域は，そのような人材を育成しては，せっせと都市に供給するという機能を担ってきたのである。

農村地域における有為な人材確保の対象となるのは，一つは地元で生まれ育った人，ほかの一つは地域外からの移住者が考えられる。現在，「田園回帰」の現象にみられるように，地域外人材による地域活性化の取り組みが模索されている[8]。しかし，たとえば移住者が農村地域の基盤産業である農業に新たに参入することは，「農地法」などの制約で必ずしも容易ではない[9]。そうなると，さしあたっては前者の地元で生まれ育った人々を念頭において考察を進めるべきであろう。この点は，本章がめざす地域に生きる力を育てる社会科教育実践を構想する場合も，まずは地元に生まれ育った子どもたちを視野に入れて展開することになるという点にもつながる[10]。

その対象となるのが，進学や就職で地域外に移動した人々が地元に帰ってくるいわゆるＵターン者である[11]。しかし，統計的にＵターン者を特定することはむずかしい。都道府県間移動の統計調査では移動流を構成する個人が誰であるかは問われないため，同一人物の往復運動を前提とするＵターン者を特定することはできないからである[12]。そのため，既往研究では代替処置として個人に対するアンケート調査などの手法を用いて限定的にＵターン者の実態を明らかにしてきた[13]。

国立社会保障・人口問題研究所の実施している『人口移動調査』もその一つである。本調査は，国民生活基礎調査で設定された300調査地区において，無作為に抽出した世帯を対象にアンケート調査を実施したものである。ここでは最新の『第７回人口移動調査報告書』(2013)に基づいてＵターン者の実態を明

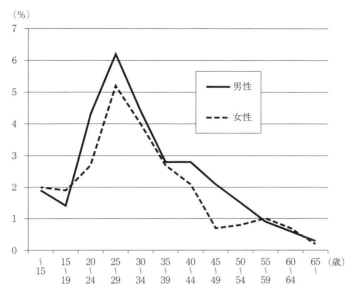

図7.3 過去5年以内にUターンした人の年齢階層別男女別割合（2011年）
注：Uターン者割合＝（県Uターン者数）÷（出生県人口総数）
出所：国立社会保障・人口問題研究所『第7回人口移動調査報告書』2013年

らかにしてみよう[14]。図7.3は過去5年以内Uターン者の年齢階層別割合である。Uターン者が多いのは，20～24歳，25～29歳，30～34歳という若い世代であることがわかる。こうした動向に対して，先行研究では，①Uターンのほとんどは最初の就職から5年以内（ピークは3年以内）に行われる，②年代が下がるほどUターン率は上昇する傾向にある，③長男は二・三男よりもUターンしやすい，④高学歴者ほどUターンしにくいが，新しい世代では学歴による差はあまり大きくない，⑤夫婦が同県出身者である場合はUターンが行われやすいといった特徴が明らかにされている[15]。Uターン移動の要因はさまざまな個人的な事情によるが，総じて単身者や幼い子どもをもつ世帯など，比較的身軽で移動しやすい世代が就職や転職などを機に出身県や実家に戻るというのが一般的である。

他方，表7.1は地方圏出身者の世代・学歴別にみた移動形態別割合である。

表7.1　地方圏出身者の世代別・学歴別にみた移動形態割合（2011 年）

世代	地方・地元定着（%）			地方・Uターン（%）			地方・進学時流出（%）			地方・就職時流出（%）			回答者数（人）
	高校卒	専・短・高専卒	大学・院卒	高校卒	専・短・高専卒	大学・院卒	高校卒	専・短・高専卒	大学・院卒	高校卒	専・短・高専卒	大学・院卒	
10	94.1	0	0	0	0	0	0	0	0	5.9	0	0	18
20	87.2	70.9	34.8	0	9.5	28.9	0.6	10.7	29.9	12.2	8.9	6.4	528
30	81.6	67.5	31.9	0	11.2	21.8	1.4	11.9	37.7	17.0	9.4	8.6	970
40	78.2	59.3	29.8	0.2	14.4	18.4	2.5	17.4	41.8	19.1	8.9	10.0	1,113
50	68.1	56.2	23.9	0.9	7.0	22.3	1.3	20.3	43.0	29.7	16.5	10.8	1,288
60	68.0	55.5	24.2	0.3	10.2	16.3	1.7	16.1	49.9	30.0	18.2	9.6	1,014
70	75.2	70.0	23.3	0.7	10.0	16.4	1.1	17.5	50.7	23.0	2.5	9.6	396
80~	87.5	47.6	26.7	0	14.3	13.3	2.3	23.8	40.0	10.2	14.3	20.0	124

注：移動形態は以下のとおりである。①地方・地元定着＝地方出身者のうち最終学校卒業・初職時とも地方の場合。②地方・Uターン＝地方出身者のうち異なる地方，都市へ移動した後，出身地に帰る場合。③地方・進学時流出＝地方出身者のうち進学時に異なる地方あるいは都市へ移動し，就職時にそのまま異なる地方や都市に定着したり移動する場合。④地方・就職時流出＝地方出身者のうち出身地で進学した後，就職時に異なる地方や都市に移動する場合。

出所：図7.3に同じ

近年の傾向として，高度経済成長期に若年労働力として働いた高齢者世代はそのまま都市に定着した割合が高いのに対して，若い世代は地元定着・Uターンともに高い割合を示すようになっている。就職先が都市に限定されることの多い大学・大学院卒の高学歴者においてもこの傾向は強まっている。こうした傾向は，長引く不況下にあって地域移動による就職がかつてのように階層移動を伴うことが少なくなり，移動するメリットが減ったことにあるといわれている[16]。しかしながら，一方で李永俊（2012）の東北地方と南関東地域の大学既卒者に対するモニター調査によれば，地方出身者の大卒者がそのまま都市で就職する割合は全体の65.7%にも上っており，移動による経済的利益を得るための大都市圏への移動は依然として根強いことも確認しておかなければならない[17]。

第5節　地域を担う有為な人材を育成する社会科授業づくりの視点

山形県出身者のUターン者と非Uターン者の意識構造を聞き取り調査に基

づいて明らかにした山口泰史（2012）の研究に，学校教育での学習体験と自らの生まれ育った地域（地元）との関係について問うた調査項目がある[18]。そこに興味深い結果が報告されている。

　　「郷土教育みたいなものはありましたが，興味はなかったです。今の自分にはあまり役に立っていません」（Uターン者）

　　「学校では，地域について調べたり，地域のイベントに参加したりしましたが，あまりピンと来ませんでした」（Uターン者）

　　「農業が盛んな町でしたので，小学校の低学年では野菜作り，高学年では田植えをやりましたが，何のためにやっているのか良く分かりませんでした。少なくとも，郷土への愛着にはつながりませんでした」（非Uターン者）

　　「高校のパソコンの授業で，自分の育ったまちを，パワーポイントを使って紹介するということはやりましたが，ただ作業を行っただけで，郷土愛には結びつきませんでした」（非Uターン者）

　つまり，Uターン者・非Uターン者を問わず，学校での地域学習からは地域に対する愛着や肯定的な意識は芽生えなかったというのである。

　少なくとも社会科は，初期社会科期の無着成恭『山びこ学校』や江口武正『村の五年生』がそうであったように，農村地域の厳しい現実を直視し，それを打開するための学力を子どもたちにつけようと努力してきたはずである。しかし，そうした社会科教師のメッセージは子どもたちに伝わっていなかったのである。高校卒業時点（18歳）と大学卒業後の24歳時点における農村出身者の意識構造を詳細かつ継続的な追跡調査により明らかにした吉川徹（2001）によれば，「…彼らの18歳時のものの考え方は，漂白されることなく，個々人の24歳時のパーソナリティの基盤となっている」（p.204）という[19]。吉川の調査結果をふまえるならば，農村出身者が地域再生を担う有為な人材となるには，高校卒業までに地域に対する愛着や厳しい地域現実をふまえたうえでの肯定的な地域認識を獲得することが求められる。18歳までの地域学習で培われた地元に対する意識や認識は，子どもたちの心と身体に刻まれ，大人になったときの「パーソナリティの基盤」として地元と自らをつなぐ絆として機能するのである。

第7章　地域に生きる力を育てる社会科授業　75

社会科授業の果たす役割は決して小さくない。

　しかしながら，本章で明らかにしたように，大多数の若者がさまざまな事情から地元を離れざるを得ないのが現実である。こうした状況に対して，手っ取り早いのはＵターン者を増やすことであり，吉川（2001）がいうように「流入人口の少ない地方県が…エリート予備層を県内で生産し，さらにその地元エリート層をできるだけ多く県内に引きとめなければならない」(p.212)だろう。しかし，それができないところに地方圏の農村がかかえる厳しい現実がある。

　いっぽう，近年の人口移動実態からいくつかの光明を見いだすことができる。その一つが，先に紹介した若年層のＵ（Ｊ）ターン者の増加や，「田園回帰」などにみられるさまざまなかたちでの都市住民の移住（Ｉターン）の増加である。加えて，都市地域に居住しながらも多様なかたちで地元の家族や地域社会とつながっている農村地域出身者の存在も注目されている。過疎問題は世代間の地域継承の問題であるとした山下祐介（2012）は，経済面や仕事を通じた自己実現などの理由により都市地域に居住せざるを得ない息子・娘世代が，頻繁に地元に帰省して親の世話や地域の付き合いをしているという実態を報告した。山下は広域に広がる家族の存在を含めて，農村から排出された人々の多様な形態での再帰還に期待を寄せている。

　こうした都市と農村の多様な関係性の拡大と継続を土台で支えているのが，具体的な人と人との「つながり」である。先の山口（2012）の調査では，自らの地域（地元）への愛着や肯定的な認識は，むしろ地域の人々とのかかわりのなかから生まれたという証言を得ている[20]。この事実が示すように，学校教育における社会科授業が担う役割は，地域学習を通して，子どもたちが地域の人々や地域の自然，文化，生活などの社会事象と「つながる」場を提供することにある。

　すでに紙幅が尽きた。筆者は，先に農村地域における次世代を担う人材育成をめざした社会科授業づくりの視点を「地域学」の研究視点を参考に提案した[21]。それを引用して本章のまとめとしたい。

　その第一は，学習者が地域資源や日常生活のなかにある地域の価値を再評価

76　第2部　主権者教育と地域をつなぐ

するプロセスとして授業を構想することである。そのためには，地域のもつ積極面を教材化することが有効である。第二は，質の高い地域調査を基礎にしながら，地域問題を総合的・体系的にとらえることである。この学習は，地域問題を相対化しその解決に向けての方向性を模索するうえで，また内容教科としての社会科のカリキュラムを構想するうえでも重要である。第三は，学習者自身が学習を通して地域に対する肯定感を醸成すると同時に，自己との対峙を通して地域に生きる意味を深く内省する過程として授業を構想することである。第四は，地域の大人に学び，大人とともに学ぶ学習機会を設定することである。この視点は，子どもたちが自らの手で地域の人々との「つながり」を紡ぎ出す学習機会として重要である。とりわけ，地域再生に向けて懸命に努力する地域の人々との出会いは，欠かせない学習過程である。

　以上の授業づくりの視点の中核に位置づいているのは，子どもたちと地域の「つながり」の創出である。この視点は，本書がめざす18歳選挙権を契機とした市民性教育の視点とも共通するであろう。現在の農村地域がかかえる少子高齢化やコミュニティの崩壊，学校統廃合などの問題は，都市地域がかかえる深刻な問題でもある。社会科教育は，地域問題の学習を通して，子どもたちが地域の人々との「つながり」を自らの手で紡ぎ出し，問題解決に向けて将来にわたって主体的に参画していくために必要な学力を身につけられるような授業を提供しなければならないのである。　　　　　　　　　　　　　［竹内　裕一］

■注

1) 本章では，とりあえず大都市圏を東京・名古屋・大阪の三大都市圏，地方圏をそれ以外の地域と定義づけておく。それぞれの内部においても格差が存在していることに加え，地域によって問題状況が異なるため，大都市圏や地方圏を一括にしてとらえることには慎重であるべきであるが，ここでは問題を明確にするため敢えて大まかな定義を付与することにする。

2) 2015年12月31日現在の全国1718市町村のうち，転入超過となっているのは407市町村であり，全体の23.7％となっている。

3) 文部科学省『学校基本調査』2015年によれば，大学・短大進学率は56.5％（過年度生を含む），専門学校進学率16.7％である。

4) 全高卒者に占める就職者の割合は17.7％である。また，高卒就職者のうち同一都道府県内に就職した者は81.6％にものぼっている（文部科学省『学校基本調査』2015年）。

5) 石黒格・李永俊・杉浦裕晃・山口恵子（2012）『「東京」に出る若者たち―仕事・社会関係・地域

間格差―』ミネルヴァ書房，p.45

6) 太田聰一 (2007)「労働市場の地域格差と出身地による勤労所得への影響」樋口美雄他編『日本の家計行動のダイナミズム[Ⅲ]』慶應義塾大学出版会，pp.145-172

7) 2015 年の場合，全国の移動者のうち都道府県間移動 233 万 4783 人に対して都道府県内移動者数は 270 万 6745 人であった（総務省『住民基本台帳人口移動調査報告書 2015 年結果』2016 年）。近年移動者数が若干減少しているものの，この割合は 1980 年代以降ほぼ変わっておらず，県内の農村部から都市部への人口移動が相当数いることがわかる。

8) 小田切徳美・藤山浩・石橋良治・土屋紀子 (2015)『はじまった田園回帰―現場からの報告―』農山漁村文化協会

9) 近年の規制緩和により変化がみられるが，現行「農地法」では原則として農家以外は農地を所有したり借りたりできない。新規就農者が農家になる場合，所有経営面積や栽培技術，資本装備，農業従事日数など細かな経営計画を作成し，それに基づいて一定の実績を積み重ねたのち市町村の農業委員会の認定を受ける必要がある。

10) 当然のことながら，社会科教育実践が対象としているのは地方圏に生活する子どもたちだけを対象としているのではない。しかし，本章のめざす地方圏における地域再生を担う人材の育成という視点に立つならば，とりあえず対象を農村地域に生まれて育った子どもたちをその対象として考察を進めることにする。

11) Uターン者の範囲としては，自らの出身地ではなく県内の中核都市などの他市町村に帰還したいわゆる「Jターン者」も含む。

12) 江崎雄治・荒井良雄・川口太郎 (1999)「人口還流現象の実態とその要因―長野県出身男性を例に―」『地理学評論』72A，pp.645-667

13) 注 12) および，江崎雄治・荒井良雄・川口太郎 (2000)「地方圏出身者の還流移動―長野県及び宮崎県出身者の事例―」『人文地理』52-2，pp.80-93。江崎雄治・山口泰史・松山薫「山形県庄内地域出身者のUターン移動」石川義孝編著 (2007)『人口減少と地域―地理学的アプローチ―』京都大学出版会，pp.171-190 など

14) 国立社会保障・人口問題研究所 (2013)『第 7 回人口移動調査報告書』。なお，同調査は 2011 年に実施されたため，2011 年段階の数値が掲載されている（有効調査世帯数 1 万 1353）。また，東日本大震災被災地域である岩手・宮城・福島の 3 県 12 地区については調査から除外されている。

15) 江崎雄治 (2007)「地方圏出身者のUターン移動」『人口問題研究』63-2，pp.1-13

16) 労働政策研究・研修機構 (2015)『若者の地域移動―長期的動向とマッチングの変化―』

17) 李永俊 (2012)「地域間移動から若者が得る経済的な利益」石黒格・李永俊・杉浦裕晃・山口恵子『「東京」に出る若者たち―社会・社会関係・地域間格差―』ミネルヴァ書房，pp.47-70

18) 山口泰史 (2012)「山形県出身者のUターン者と非Uターン者の意識構造」経済地理学会北東支部編『北東日本の地域経済』八朔社，pp.305-322

19) 吉川徹 (2001)『学歴社会のローカルトラック―地方からの大学進学―』世界思想社

20) 注 18) p.318

21) 竹内裕一 (2014)「次世代を担う人材育成を視野に入れた地域問題学習―地域に生きる主体形成学習の可能性―」『社会科教育研究』No.122，pp.62-73

第**8**章　地域の一員としての自覚を高め，
　　　　防災対策にかかわる態度を育てる授業
　　　　—小学校4年「地震からくらしを守る」の実践から—

第1節　よりよい自助から共助・公助の関係へ

　本章では主に小学校4年で取り組まれる「地域社会における災害及び事故の防止」の学習で，どのようなことをめざすべきなのかを考えてみたい。

　東日本大震災は，私たち社会科教育にたずさわる者にとって大きな意識の変化をもたらした。多くの人の生命・財産を奪う地震・津波の起きる可能性と，被害を最小限に抑えるための取り組みが自助・共助・公助さまざまなレベルで行われていることが，次第に教科書に掲載されるようになった。平成27年度版では，どの会社の教科書にも地震に関する記載が行われている。

　4社の教科書を分析すると，光村図書には発展的なコラムとして「防災キャンプに参加する子どもたち」というページを設けている。東京書籍と日本文教出版は，従来の火事を事例としたページと選択できるようにページが用意されている。教育出版の場合は「災害からまちを守るために」という単元構成のもと，火事の学習のあとに地震の学習がくるように設定されている。

　東書・文教・教出の教科書記述は，大地震の怖さを紹介し，市や町での備えに対する興味をもたせる導入から，市の防災計画の存在や地域の自主防災組織の働きなどについて調べ，最後に「自分たちでできること」を考えさせる，という流れになっている。「自分たちでできること」の例として，家族会議を開くことや防災グッズや非常食の備蓄，または地域の避難訓練への参加など，自助の意識を高めることに比重をおいた編集となっている。

　しかし，地震に対する行政の取り組みを追究することが，予定調和的に安全・安心をもたらすものになるだろうか。むしろ，自分たちの住む市町村の課題がみえてくることもあるのではないだろうか。現状において，「いつ地震が来ても大丈夫」と胸を張って主張できる市町村はおそらく存在しないだろう。そし

79

て，地震による生命・財産の危機という課題を自覚したうえでの「自分たちでできること」は，単純に自助に還元されるものではなく，よりよい自助・共助・公助の関係の構築を要求することではないだろうか。

　このようにとらえると，小学校4年の防災の単元と本書で掲げている18歳選挙権とのかかわりがより鮮明になる。4年生の地震の学習は，自分自身の生命・財産の危機に否応なく直結する，切実性のきわめて高い課題である。だからこそ子どもたちは真剣に考えるし，自分たちが安心・安全に生活するために，きちんとした理解を求めたがる。もし自分たちの地域に防災上の不備があれば，それを何とかして解決していこうとするはずである。防災上の課題が解決していないからこそ積極的にかかわりをもつ，そういう社会参画の意識を育てられるまたとない機会になるだろうと考え，授業を構想した。

第2節　市・地域の防災上の課題をどう教材化するか

　ここでは実践を行う前段階として，勤務校のある千葉県浦安市舞浜地区を中心とした，防災上の課題を紹介したい。

　本校は舞浜・富士見・東野という3つの地区から学区が形成されている。東日本大震災において液状化現象が激しく起きたのは舞浜・東野地区であり，富士見地区はほとんど被害がなかった。これは舞浜・東野が昭和40年代からの埋立地であるのに対し，富士見地区が昔からの陸地であったことに起因している。また，舞浜地区は図8.1からもわかるように，橋が地震により損壊してしまえば，「陸の孤島」となり災害支援が遅くなる可能性が高い。

　これらの事情から2013年2月，舞浜地区の自治会を中心として「舞浜小学校避難所運営開設・運営マニュアル検討委員会」が発足し，定期的に会合を開き，いざという時に備えようと準備を進めている。2014年1月には避難所運営のマニュアルができ，11月にはそれらをもとにして地域の避難訓練を行うことができた。

　しかし，実践を始めた同年11月の時点において，富士見・東野地区では避難所運営委員会はできていなかった。舞浜地区の住民は舞浜小学校，富士見地

区の住民は富士見二丁目にある堀江中学校，東野地区の住民は東野二丁目にある東海大学浦安中学校・高等学校がそれぞれ避難所として浦安市から指定されていた。このように，行政は共助を進めるべく各地区に自主的な防災組織をつくるように促してはいるが，まだす

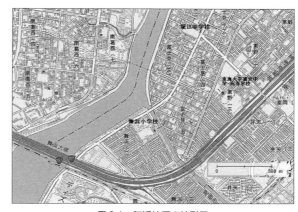

図8.1　舞浜地区の地形図
出所：国土地理院電子地形図をもとに筆者作成

べての地域で組織化できていないという課題がまず存在していた。

　もう一つ課題としてあるのが，津波被害想定に対する住民と行政の認識のずれである。浦安市では，地震による家屋の倒壊や火災などに加え，液状化と津波も懸念事項としてある。しかし津波に関しては，行政と市民で認識が分かれている。東日本大震災のときには，浦安市日の出護岸付近で約1.0m，猫実排水機場で約2.1mが観測されていた。だが2014年1月10日付で，浦安市のホームページには「Q. 見明川の堤防は両側共低いので，地震に伴う津波で水位が越えないよう堤防を高くするなど，防災対策をお願いします」との市民からの質問に対し「A. 浦安市への津波の影響は，千年に一度，あるいは，それよりも発生頻度は低いですが，最大クラスの地震として国が予測する『南海トラフ巨大地震』の想定で，市への最大津波高は3mと予測されており，防波堤を越え，住宅地に浸水する可能性は極めて低いと考えています」との返事が記載されていた[1]。市民は「来るかもしれない。津波に備えたい」という意識があるのに対し，行政は「3m以上の津波は来ない」という立場である。

　このような主張のちがいをふまえ，どのような授業が構想されるべきであろうか。子安潤は学界内外に対立する内容が含まれている現実を示したうえで次のように述べている。

第8章　地域の一員としての自覚を高め，防災対策にかかわる態度を育てる授業　*81*

「こうした時に重要なことは，第一に，政府発表や報道発表あるいは学者・学会の発表を鵜呑みにしないこと。第二に，どちらが私たちの命や安全を確保することになるのかの観点から，基本的対抗関係を学びそこにアクセスできるようにしておくこと。第三に，多様な市民的つながりのある暮らしを創りだしておくことだ。単に科学的な見地はどちらかと考えるのではなく，『私たちへの科学』へと『私たち』が作り直していくことだ2)」。

　子安の指摘は低線量被曝をめぐるなかでのものであるが，これはほかの事例にもあてはまるだろう。より安全となる判断は何かを自分たちで考え，実行していくことで防災意識を高めていくことができるだろう。

　以上のことをふまえ，単元を組織した。全体計画は以下のとおりである。

単元の全体計画

過程	時数	主な学習活動	指導・支援の留意点
つかむ	1	・東日本大震災の様子や日本の地震発生の状況を知り，学習問題を立てる。 ①東日本大震災の写真を見る。 ②日本地図に M7以上の震源地を示す。 ③浦安市でも東日本大震災と同様の状況になりうることを確認する。	・事前に家の人に聞き取り調査を行い，自分の家で実際に起きた大変さや怖さを確認する。 ・大きな地震のときにどのような被害が起きるのかを確認する。 家屋の倒壊・液状化現象・火災・津波・交通事故・ライフラインの寸断・物資の不足
		地震にそなえて誰がどのようにしてみんなの安全をまもろうとしているのだろうか そして私たちはどのような対策をすればよいのだろうか	
調べる	2	・予想を立てる ①消防署・警察署の対応体制を確認する。 ②市役所からどこに，どんな指示や依頼がいくのかを予想する。	・消防署や警察の時に学んだ事を用いて予想する ・中心が市役所になることは，ここで教える。
	3	・市役所危機管理監の話を聞く。 ①地震発生後の取り組みについて。 ②地震発生前の取り組みについて。 ③これから私たちに必要なこと。 ④仕事をしていて大変なこと。	《確認したこと》 ・災害対策本部の設置。 ・県や国との連携。 ・警察・消防署や病院などへの連絡。 ・各学校への避難所開設の要請。 ・バス タクシー会社に情報収集の依頼。 ・ガス・水道・電気会社との連携。 ・市内のスーパーやコンビニとの連携。 ・防災課に過度の依頼が来ているのが現状。
	4	・聞いた話を整理して，問題点を鮮明にする。 ・疑問を解決するために専門家に手紙を書く。	・保護者に話をしたことを出し合いながら，避難の現状が自分たちの実感に即したものになっているのか検証するようにしたい。

82　第2部　主権者教育と地域をつなぐ

	5	・避難所運営委員の話を聞く。 ①避難所が開設されるまで（役割分担も）。 ②避難所運営委員会の発足の経緯と現状について。 ③避難所での過ごし方や，自分たちがすべき準備について。	《確認したこと》 ・運営の役割がいくつも別れている。 ・平成25年2月に発足した。 ・会議を定期的にもち，避難訓練も行っている。 ・人の集まりが不十分である。 ・富士見地区にはまだない。 ・2日分の食料は各家庭で確保しておくこと。
調べる	6	・長野県白馬村の事例から，地震からくらしを守るには何が大切なのかを考える。 ・これまで学んだことを誰に，どう伝えればよいか考える。	・『毎日新聞』2014年11月24日記事を見て，共助ができていたことが，犠牲者ゼロを実現したことに気づかせるようにしたい。 ・避難所運営委員会の設置を実現するには，誰に伝えればよいか考えられるようにしたい。
考える	7・8・9	・調べてわかったことをまとめる。 ①「一番伝えたいこと」という観点からグループに分かれる。 ②ポスターセッション形式でまとめる。	・写真や図を多く用意し，伝えたいことを的確に表現できるように配慮する。 ・自分たちの意見なども盛り込めるようにすることで，社会に関わろうとする意識を高められるようにしたい。
	10・11	・ほかのクラスに伝える。 ①学年の他クラスや中学校の校長に伝える。 ②他クラスの児童や中学校長の反応を知る。	・他クラスの反応を確認し，自分たちの学習の意義を好意的にとらえられるようにしたい。
	12	・専門家の方の返事を読み合い，津波想定について考える。 ・「地震に強いまち」にするには，どうすればよいかアイデアを出し合う。	・手紙の返事について，意見を自由に出しあえるようにしたい。 ・これまでの学習をふりかえり，保護者とともに，様々な意見を出して，自分たちにできること，行政に提案することなどを整理する。
	13	・これまでの学習を振り返り，学んだことを整理する。	・じっくり時間をとって学んだことを十分確認できるようにしたい。
	14	・危機管理監のメールを読んで，感想を書く。	・自分たちが学んだ意義などを考えられるものにしたい。

第3節　授業の実際

(1) 津波想定をめぐって（1〜4時間目）

　まず教科書記述と同様に地震の怖さを，家族への聞き取りと「NHK東日本大震災アーカイブス」[3]などを用いて実感させた。つぎに，マグニチュード7以上の地震の分布図[4]を示し，浦安市にも大地震が起こりうる可能性があることを理解させていき，備えについての疑問を喚起させた。

　その後，市の危機管理監を招いて，市の防災の取り組みについて話してもらった。市が警察署・消防署・ガス会社・水道局・病院だけでなく，バスやタク

シー会社，テレビやラジオ局，またはスーパーやホテルなどさまざまな施設と協定を結び，地震に備えていることに驚きを感じた子は多かった。また，この講話を受けて家族会議で集合場所を確認する家庭もあった。

危機管理監の話から学んだことを各家庭で話をすることを課題とし，その結果を発表させた。そのなかで「津波は3m以上のものは来ない」という話をめぐって，次のようなやりとりとなった。

> C1 「(家の人は)『よかったね』と言っていました。」
> C2 「『浦安市に住んでてよかった』と言っていました。」
> C3 「海が近くてよかった(住みやすいという意味)。」
> C4 「『ちがうでしょ？』って。」
> T 「『ちがうでしょ』って，『津波は来る』と言ってるってこと？」
> C4 「うん。」
> T 「じゃあ，みんなに聞くけど，市役所の人は『来ない』と言っていたけれど，本当は来ると思っている人，どれくらいいますか？」
> C 「ハーイ。」(圧倒的多数)

危機管理監は何度も「津波は来ない」と説明していた。それでもなお，児童は「津波は来る」ものとして受け止っていたのである。図8.1を見て明らかなとおり，本校は北側と東側が川に面しているという地理的特徴のため，「津波が来ない」と言われても簡単に納得しにくい。危機管理監の話が自分たちの実感とかけ離れていたのである。

そこで本当のことを確かめるべく，専門家である東北大学の今村文彦氏に手紙を送ることにした。

(2) 避難所運営委員の話を聞く (5時間目)

危機管理監の「各学校が避難所になり，みんなはそこに避難することになる」という話を受けて，次は本校が避難所になったときの準備や採るべき行動などについて，避難所運営委員のボランティアの方に話してもらった。

舞浜地区の避難所運営は軌道に乗りつつあることを指摘したうえで，「しかし，このクラスの多くの子が住んでいる富士見・東野地区はこのような取り組みは

現在のところなされていない」という事実を知ったときの反応は大きかった。

　　「私が住んでいるのは富士見なので，堀江中学校に避難をするけれど，避
　　難訓練などをしていないと聞いて不安になりました。それと，水不足にな
　　ったら浦安市の給水車は1台しかないので，水不足になったらヤバイ！
　　近所付き合いもきちんとしなければ！」

　地震に対する備えが具体的にわかったことは大きいが，その反面，自分たち
の地区の避難所運営がまだ十分ではないことを知り，震災に対するまちづくり
の課題が切実なものとして受け止められてきた。

(3) 発表を経て (11 時間目)

　この授業は，本クラスだけ特設で展開していた。そこで，ほかのクラスへの
発表の際に，富士見地区の児童が避難することになる堀江中学校の校長に来て
もらい，自分たちの学んできたことについて発表を行った。

　　「もう発表は終わったけれど，まだ地震の怖さや被害など考えておくべき
　　ことはいろいろあると思います。浦安市には直下型の地震のくる確率がふ
　　えてきているので，備えておくべきものは物に水や食料などだから安全第
　　一だと思っているし，自助，共助，公助を大切にしたいと思うし，長野県
　　の地震で死者とか行方不明者が一人もいなくて，共助を大切にしていたの
　　で浦安もそんな町にしたいと思う。」

　　「堀江中学校の校長先生も『防災マニュアルの作成をしていきたいと強く
　　思いました』と言ってくださったので，私たちのやってきたことは，意味
　　のあることだったんだなと思いました。これからも先生方やみんなのため
　　になれるような勉強をしたいです。」

　最初の感想は，この学習を展開しているとき(2014 年 11 月 22 日)に長野県を
襲った大地震で死者が一人も出なかった，ということをさしている。この記事
を読みあい，「近所付き合いが日々なされていた」「安否確認がしっかりできる
ような体制がとられていた」ことなどを確認した(6時間目)。この子は白馬村
の成果に学び，浦安市もそのような町にしたいという願いをもった。

　中学校の校長にアピールし，それで避難所運営が少しでも前進するきっかけ

を得られたことは児童らにとって大きな成果となった。まちにかかわることで，よりよいまちづくりに貢献することができ，「これからも先生方やみんなのためになれるような勉強をしたい」という認識を得ることができた。

（4）今村氏の手紙から考える（12時間目）

東北大学で津波について研究されている今村文彦氏から返事が届いた。返事の趣旨は以下のとおり。

> ・浦安市は，神奈川や外房・茨城県に比べ津波の影響は小さそうといえる。
> ・しかし元禄地震などのように，大きな津波が発生する可能性はゼロではない。
> ・何が起きるかわからないので，発生したときにどこに避難すればよいかを検討することが大切であり，これが東日本大震災の教訓である。

「やっぱり来るかもしれないじゃん！　予想が当たった！　0％ではないんだもの！　津波のこと考えていかなくっちゃ！　いつ来るかわからないからね！　津波がこわいことをあらためて思った。」

「手紙を読んで安心していいのかダメなのかがよくわかりませんが，津波は浦安市でおきると他の県よりかは被害が小さいことがわかります。」

多くの子は手紙のなかの「ゼロではありません」という指摘を重視した。だから「津波に対する備えも視野に入れておく必要を感じたのである。

この津波についての学習と先に引用した子安の議論を照らし合わせてみよう。本クラスの子どもたちは行政の見解を「鵜呑みにしな」かった。だから行政とはちがう意見を求めて，専門家の今村氏に手紙を書いた。津波の想定に対する「基本的対抗関係を学びそこにアクセス」したのである。子どもの感想に「手紙を読んで安心していいのかダメなのかがよくわかりませんが」というものがあるが，筆者はここに科学を「『私たち』がつくり直していく」可能性を見いだしたい。浦安市と今村氏の二つの見解にふれて，自分なりに考える。来るか否かという結論を，小学生に科学的に証明することは困難である。しかし，「津波は来ない。だから安全だ」という認識がもたらしたものの一つに，「巨大な

防潮堤ができたことに安心して逃げなかった人がいた」という事例があった。そして浦安市をより安全なまちにするには，決して科学研究を過信するのではなく，「可能性はゼロではない」ことを視野に入れたうえでの自助・共助・公助が必要になることを子どもたちは学んだということができるだろう。

第4節　成果と課題

ここでは，ある子どもの感想を紹介したい。

「地震がおきたらいろいろな人たちが亡くなってとてもいやな思いをするから，はじめはいやだなと思っていました。『地震からくらしを守る』という勉強をして，この『世』にはたくさんの地震が起きていてしかも大きい地震ばかりでとても悲しかったです。市役所の人たちから自助・共助・公助を教えてもらって，たくさんの人に伝えたいと思いました。2組・3組・堀江中学校の校長先生に発表をして，伝わったかなと不安になりましたが，校長先生から『マニュアルを作る』(作るのは自治会の人たちだけど)という話を聞いて，伝わってる，よかった，という気持ちになりました。家族に『地震からくらしを守る勉強をしてるんだ』と話した時，自助・共助・公助のことを言ったら，『そうか。じゃあ意識しないとね。』と言ってくれたので家族にも伝わってるとうれしい気分になりました。『家族でもう一度話し合っておくことも大切』と言ったら，『じゃあ，話し合わないとね』と言ってくれたので，これも伝わってよかったと思いました。地震はいつかは起きてしまうこともわかりました。でも地震はこわいけどこわいことばかりじゃあないこともわかりました。いろいろお願いをして，私たちの町浦安も地震に負けないような町にしたいです。…地震が来た時は落ち着いて学んだことを生かそうと思いました。市役所にはできる限りの事があるので，あまり(なるべく)頼らないようにしたいです。まだ用意してないものは用意しておきたいと思いました。」

この感想からは，自助として用意すべきものは用意しておこうとする態度だけでなく，災害からより強いまちにするという共助・公助の意識が見てとれる

だろう。とりわけ自分たちが調べたことを伝えることで避難所運営委員会を開設する動きに寄与できたという喜びは大きいし，自分たちが町をつくっているという意識の高まりをもたらすことができた。

　先にも述べたが，大地震に対する備えが十分なされている，と胸を張って言える地域はないだろう。その前提に立てば，より地震に強いまちにするための課題は無数にあるはずである。そして現状に向き合わせ，どうすればよいかみんなで考え，ときには関係機関に働きかけることで，より地震に強いまちづくりの担い手としての自覚を高めていくことができる。

　また，津波の想定の議論についても，子どもたちは市の見解に納得せずに，自分たちで真実はどうなのか確かめた。ここに子安のいう「私たちの科学」へのつくり直しがある。このような実践を積み重ねることがこれからの社会科教育には求められるであろう。

　とはいえ，授業を進めるうえでの課題も多い。自助の問題のみに還元してしまい，自分の備えのことだけで考えが終わってしまう子が数人存在していた。

　日頃から学校の避難訓練などで「自分の命は自分で守る」などといわれ続けてきたし，地震への備えは基本的には自分の問題と思っていることも大きい。災害に対する備えにすら自己責任論の影響は大きいように感じるが，それだけではない。たとえば，地域コミュニティの一つである自治会・町内会の運営がむずかしくなっているのは多くの地域にみられる。そのなかで児童たちが「まちづくりにかかわる」と言っても実感が伴わないのが現状である。

　しかし，それでも自分たちのまちを防災・減災という観点から見直し，課題を把握し，ときには発言するなどして積極的に社会に参画する。そのような取り組みがこれから必要になってくると筆者は考えている。　　　　　　　［板垣　雅則］

■注
1) http://www.city.urayasu.lg.jp/faq/bouhan/bousai/1004781.html（2016.10.16 確認）
2) 子安潤（2013）『リスク社会の授業づくり』白澤社，pp.87-88
3) http://www9.nhk.or.jp/311shogen/（2016.10.16 確認）。そのほか，岩手日報社（2011）『平成の三陸大津波』なども用いた。
4) 成美堂出版（2011）『地図で読む東日本大震災』

第9章 地域課題の議論を通して 批判的投票者を育てる政治学習
—指定廃棄物の長期管理施設建設候補地選定問題を題材に—

第1節　問題の所在

　選挙権年齢が18歳に引き下げられたことをきっかけに，主権者の育成に帰する政治学習をどのように行っていくかが，改めて議論されている。たとえば，実際に投票までのプロセスを追体験することができる模擬投票のような手法の学校現場への導入が進んでいる。しかし，単に選挙で投票所へ行くだけではない，よりよい主権者を育てるためには，投票を体験させるだけではなく，社会問題や政策についていかに考え，どのような政治参加をしていくか，ということを一歩踏み込んで考えさせていく必要もある。本章では，そのような社会問題や政策について多面的・多角的に考え，投票を行う者を「批判的投票者」と呼ぶこととする。このような望ましい投票を行うための資質・能力をはぐくむという観点から，どのような選挙学習が必要とされるかを考え，提案する。

第2節　社会科における選挙学習と開発する単元のねらい

　今回提案する単元では，「批判的投票者」として必要な見方・考え方を育むことをねらいとしているが，その要素は次のようなものである。

①視点1…多様な意見を吟味する

②視点2…1をもとに根拠をもった自分なりの意見を形成できる

③視点3…主体的かつ持続的な投票者

　視点1は，多様な意見を比較検討しているか，という観点である。政治課題について意見を形成するためには，対立構造を把握する必要がある。また，自分が漠然と抱いた考えや感情を相対化したうえで，さまざまな立場を想定して最終的な意見を形成することが望ましい。吟味する，とは，多様な意見それぞれについてよく考え，自分なりに判断できるようにすることである。

視点2は，自分なりの意見形成を行う段階があるかということである。この段階があることで，自らの意見を表明するという政治参加へとつながっていく。さまざまな立場からの見解や得た情報をもとに，最終的に自分なりの意見を形成することで，根拠に基づいた意見となる。

　視点3は，投票を意識させる段階の存在である。意見形成をしたのち，それを投票（やそのほか政治参加）によって伝えるということを意識させる段階があることで，投票者の育成により効果的に結びつけることができる。その際，第一に主体的であるか，第二に持続性があるかということに着目する。持続的に政治に関心をもつ投票者となるためには，選挙後どのように政治とかかわるか，という視点が必要である。

　このような観点から，求められる選挙学習を提案する。選挙学習には，大きく分けて2種類が考えられる。一つは，選挙制度について学習し，場合によってはその制度のあり方などについて考えるものである。もう一つは，模擬投票などを通じて選挙において必要な能力や選挙への関心を高める学習である。どちらも必要な学習である。今回は，社会問題や政策についていかに考え，どのような政治参加をしていくかを考えることができる学習をねらいとしているため，後者の学習となる。

　模擬投票を行う授業では，架空の事例と架空の候補者を想定して行う場合と，特定の選挙を想定する場合がある。後者の場合は，実際の選挙が行われる時期に合わせてマニフェストの検討や模擬選挙を実施するような授業である[1]。前者は，社会科のものではないが，選挙管理委員会による出前授業などでよく行われる[2]。

　前者は，実際の選挙の時期に限らず，どの時期でもどの学校でも同じ題材で行うことができるという利点がある。また，架空のものであるため，主張も複雑になりすぎない。そのため，選挙の流れや投票の方法を学ぶためには適している。しかし，実際の事例ではないため，根拠をもとに考えたり，判断したりする活動はあまり期待できない。事例の切実性にも欠けてしまう。

　後者は，実際の選挙公報や政党のホームページなどを見ながら，自分がどの

候補者を支持できるか実際に考え，投票する。そのため，実際に行われた（ている）選挙に模擬的に参加するという意味では切実さが伴い，また政策内容を読み解き判断する力を養うことができる。いっぽうで，実際の選挙は一人の候補者が示す政策課題が多く，一つひとつの課題について考えきれない。したがって，生徒それぞれの漠然とした考えから投票される場合もある。そのため，自分の判断基準を相対化したり，論点について議論したりしたうえで投票する学習はむずかしい。

　以上のような課題を乗り越えるため，開発した単元では，簡単に答えのでない実際の政治課題について深く考え模擬投票を行うことができるよう，生徒にとって切実な実際の地域課題の考察を入口とし，議論を行いながら意見を形成したうえで，まとめとして模擬投票を行うこととした。また，模擬投票後は，開票結果をふまえたうえでの市民の行動や政治についても考える活動を行う。このような学習のプロセスをとることで，多様な意見を吟味し，自分なりの意見を形成する，それをもとに判断し投票を行う，という批判的な投票者として必要な能力を育むことができるのではないかと考える。

第3節　題材の選定

　地域の課題解決と模擬投票をつなげることができる題材として，指定廃棄物長期管理施設（最終処分場）の候補地選定・建設の問題を取り上げた。とくに今回は，栃木県塩谷町における候補地選定問題を取り上げる。対象学年は，中学校3年生・公民を想定する。

　2011年3月の福島第一原子力発電所の事故により生じた放射性物質が風や雨などにより飛散し，建物や樹木などに降下した。これらがごみの焼却灰や浄水発生土，下水汚泥，稲わら，たい肥などに付着して放射性物質に汚染された廃棄物が発生した。そのため，これらによる人体への健康被害や生活環境に及ぼす影響を低減するため，国や地方公共団体，関係原子力事業者が責任をもって対処していくことが，放射性物質汚染対処特措法によって定められた。

　環境省では1kg当たり8000ベクレルという基準を設け，放射能濃度が低い

場合は一般の廃棄物と同様に処理を行い、8000ベクレルを超えるものについては指定廃棄物とし、特定の処理施設で処理することが決められた。長期管理施設（最終処分場）はそのための施設であり、福島県とその周辺で指定廃棄物を多く保管している宮城県、栃木県、茨城県、群馬県、千葉県の6県において、各県に一つ候補地を選定し設置する方針となっている。

　候補地の選定は、各県において選定の基準を定めて進められている。すべての県に共通するプロセスは次のとおりである。まず、自然災害を考慮して、安全な処分に適していない地域や、とくに保全すべき自然環境や史跡・名勝がある地域を除外する。つぎに、それぞれの地域に特有な自然環境などの事情を考慮して、尊重すべき選定基準を設け、適切な地域を抽出する。この基準は、市町村長会議において話し合われる。さらに、抽出された地域のうち必要な面積を確保できる地域を選定する。最終的に詳細調査を実施し、設置場所として問題がなければ確定する。

　栃木県では、同様のプロセスから抽出された地域のうち生活環境からの距離や水源との距離などの項目を点数化し、最も数値が高かった塩谷町一つに候補を絞り込んだ。その結果、町や住民から反発があり、詳細調査の実施を拒むことで反対を続けている。その根拠は、塩谷町は栃木県のなかでも指定廃棄物の一時保管量が少ないことや、詳細調査が行われる地域には名水100選に選ばれている水の湧水があること、候補地としての決定もいまだされていない段階から風評被害が生じたこと、鬼怒川流域の洪水によって、詳細調査が行われる地域も浸水し、安全性に疑問が残ること、などである。

　いっぽうで、指定廃棄物をどのように処理していくかは、考えなければならない問題である。県内には指定廃棄物の一時保管場所が存在し、安全のためにも長期で安全に管理・処理していくことができる施設をできるだけはやく建設しなけ

町役場近くのプラカード
（筆者撮影：2015年11月26日）

ればならない。環境省側は，第一歩として塩谷町の詳細調査を行い，どのように建設すれば安全かや，どのようなことに配慮して計画を進めていくべきかを考えていく方針である。

　このような地域の課題を考えることで，町民としてどのように考えるかや，町政，あるいは国政に求めることを考えることができる。最終的に模擬投票というかたちで政治参加の手段の一つに落とし込むことで，政治と自分たちのかかわりを考えることができる。その際，できるだけ多様な立場からの見解を想定して意見形成できるよう学習活動を構成する。

第4節　単元の提案

　表9.1は，前節の題材を用いて作成した単元の概要を簡潔に示したものである。この学習のねらいは，①多様な立場からの地域の課題の考察と模擬投票を通して自分なりの意見を形成すること，②政治参加の意義や政治とのかかわり方を自分なりに考えること，の2点である。

表9.1　「指定廃棄物をどう処理するか」単元概要

時	学習段階	学習活動と内容
1	Ⅰ地域課題の把握	なぜ塩谷町に指定廃棄物長期管理施設（最終処分場）の候補地にあげられたのかを把握する。まとめでは，疑問を書かせる。
2	Ⅱ対立構造の把握	指定廃棄物長期管理施設（最終処分場）候補地の選定に反対する住民の主張と，推進する環境省の主張をまとめる。
3	Ⅲ地域の未来を考える	問題をそれぞれの立場で解決しようとした場合に，地域がどのように変化していくか予想する。
	Ⅳシミュレーションの場面	①多様な意見を想定する グループごとにさまざまな町民の立場に分かれ，それぞれの視点から意見を考える。
4		②多様な意見の吟味 各グループで出された意見を共有し，議論を行う。 ② 意見形成 反対を続ける立場と候補地となることを受け入れる（候補地となる可能性のある調査を受けることを受け入れる）立場の二つの立場の人物による町長選が行われることを想定し，投票を行う。
5	Ⅴ開票とその後の態度決定	投票の開票結果をふまえ，今後の動きを考察し，町民として問題解決のためにできる行動や，町政として今後必要なことを考える。

まず，第1時では，学習段階Ⅰ「地域課題の把握」を行う。このあとの議論や意見形成にあたって，この時間に扱う課題の経緯や事実を共有しておくことが必要となる。今回扱う課題では，調査の候補にされている範囲や，長期管理施設（最終処分場）とはどういった施設なのか，現在指定廃棄物はどのように保管されているのか，塩谷町は現在どのような対応を行っているのかなどを，塩谷町の地図や地方新聞の記事を用いて，とらえさせる。まとめでは，感想と疑問に思ったことを書かせる。ここで一度自分のもった感想や疑問を意識することによって，次時の授業に取り組む際の視点となる。

　第2時では，第1時で示した地域の課題について対立する主張について，どのような根拠からその主張が出されているかを調べ，ワークシートにまとめる。今回扱う課題では，候補地選定のための調査に反発する住民や町の立場と，それを推進する環境省の立場である。新聞記事や市報，ホームページからそれぞれの主張と根拠を探しまとめていく。

　第3時では，第2時で扱った複数の主張をもとに課題解決をしていった場合に予想される結果をグループごとに考え，付箋に書いて貼りつけていく。この活動によって，この課題が将来の地域に与える影響の大きさを意識し，このあとの議論を切実なものにすることができる。その後，反対を続ける立場（候補者①）と候補地となることを受け入れる（候補地となる可能性のある調査を受けることを受け入れる）立場（候補者②）の二つの立場の人物による町長選が行われることを想定し，模擬投票を行うことを伝える。模擬投票の前段階として，さまざまな立場の人が集まる討論会をシミュレーションする。これが学習段階Ⅳ「シミュレーションの段階」の①②の活動である。

　その後，グループごとにさまざまな立場に分かれ，その立場から考えられる主張を話し合う。今回は，それぞれのグループに「候補者①とその支援者」グループ，「候補者②とその支援者」グループ，「農業者」グループ，「若者」グループ，「子育て」グループ，「ゲスト　一次保管場所の近隣に住む住民」グループの6つの立場を与える。各グループはそれぞれに与えられた立場がおかれている状況を考え，想定される主張や根拠，立候補者を選ぶ判断基準，立候補

者への質問などを考える。「一時保管場所の近隣に住む住民」は，塩谷町内では集まらないため，他市町村からのゲストも迎え意見を聞くというかたちにする。それぞれのグループから出されると予想される意見の例を表9.2に示す。

表9.2　各グループから出される意見

グループ	出される意見の例
立候補者①とその支援者	① 反対の場合 〈例〉 ・まずは塩谷町を候補地とすることを見直すという白紙撤回をめざす。 ・環境省側が候補地の見直しを決めるまでは話し合いに応じない。 ・塩谷町の野菜や食べ物の安全性とおいしさを広報する。イベントを推奨する。
立候補者②とその支援者	②賛成の場合 ・早めに安全な施設をつくることは必要なことだ。湧水からも離れていて，なくなるわけではない。 ・振興費はいろいろな用途に使える。振興費を利用して塩谷町の産業をアピールするイベントを推奨する。 ・若い人も暮らしやすいように保育施設や教育を充実させる。
農業者	・風評被害などが生じないようにできるなら賛成だが，その心配が解消されないなら反対だ。 質問 ・風評被害についてどのように対応していくのか。 ・安全を確保するためにどのような策を講じていくのか。
若　者	・若い人が住む場所として選べるように，雇用を増やしたり子育てによい環境づくりなどをしていったほうがよい。 質問 ・若者が暮らしたいと思える町にしていくために，どのようなことをしていこうと考えていますか。
子育て	・妊婦や子どもの健康に気遣ってくれるか。 質問 ・長期間安全な状態を保つためにどのような策を考えていますか。 ・子どもの健康を守るためにどのような策を考えていますか。
一次保管場所近隣	・いつまで続くのかという不安があるから，硬直した状態がずっと続くのはよくない。でも，早く解決するなら処分場は塩谷町でなくてもよい。 ・別の候補地をと考えているなら，どうやって選ぶのか考えているか。

　第4時では，それぞれのグループで考えた主張をもとに，討論会を行う。ジグソー法を用いて各グループが1人以上含まれるよう新たにグループをつくり，自分が与えられた立場からの主張や要望を行う。「候補者①」や「候補者②」は自分のほうがよりそれぞれの立場の住民の要望が叶い，不安が解消されることをアピールする。その後，議論を通して自分が考えたことを書いたのち，さ

まざまな立場を総合してどちらの候補者に投票するかを選択し，模擬投票を行う。

　第5時では，模擬投票の開票を行う。この開票結果をもとに，塩谷町には町政としてどのような政策が求められるかや，町民としてどのような活動ができるかを考えさせる。たとえば，町長が当選しただけでは本当にそのように政策を進めていくかどうかわからない。住民としても，署名運動を行うなど意見表明することや，関心をもちつづけ地域の問題について学んでいくことも必要になるだろう。このように，開票結果をふまえ，その後の政策のあり方や政治参加の方法を考えることで，選挙をやって終わりではない，ということに気づかせることができる。

第5節　実践化に向けて

　実践を行うにあたっては，実施する地域での論争的な課題を扱う必要がある。たとえば，ごみ処理場の建設，防災対策，育児や教育についての政策などである。

　地域の論争問題を議論し考える学習を行う際，まとめとして投票という方法をとり，考えたことと政治参加をつなげることができる。また，投票後，開票結果をふまえて町民の行動や町政を考えることで，投票して終わりではなく，その後の政治について目を向けさせることができるのではないだろうか。

［熊井戸　綾香］

■注
1）杉浦真理（2008）『主権者を育てる模擬投票―新しいシティズンシップ教育をめざして―』桐書房，奥野正作（2001）「生徒が選んだ衆院候補者―選挙制度や政党をどう教えたか」『歴史地理教育』2001年6月など
　2）「東京都選挙管理事務局　平成27年度　選挙出前授業・模擬選挙都内での事例」http://www.senkyo.metro.tokyo.jp/vote/mogi/mogi-jirei/mogi-jirei-2015/ など
参考ホームページ（2016年10月1日最終閲覧）
　環境省中間貯蔵施設情報サイト https://josen.env.go.jp/chukanchozou/about/
　環境省放射性物質汚染廃棄物処理情報サイト https://www.town.shioya.tochigi.jp/forms/top/top.aspx

第10章 地域との「つながり」意識をどう育むか
―伊豆大島における学校と地域をつなぐ復興への布石づくり―

第1節 「生き抜く力」「担う力」をどう育むことができるか

　現在，「主権者として社会のなかで自立し，他者と連携・協働しながら，社会を生き抜く力や地域の課題解決を社会の構成員として主体的に担う力」を身につけさせることが求められている。その方法の一つとして，「学校・家庭・地域が連携し，地域資源を活用した教育活動・体験活動や，子どもが主体的に関わる地域行事などの機会を創出」することがあげられている[1]。

　伊豆大島は，離島ということもあり，総人口および労働人口の減少，超高齢社会の進行，若者の過疎化，産業の空洞化などさまざまな問題や課題をかかえている。また，2013年に起こった土砂災害によって，災害への復旧や復興など離島のなかでも特殊な課題をかかえている。

　筆者が4年間赴任した東京都立大島高等学校（以下，大島高校）は，各学年約40名で全校生徒120名程度の小規模学校である。高校生に実践の最初に「今の大島」と「将来の大島」について絵を描いてもらい発表してもらった。将来・未来という希望を連想しやすい事象に対して，高校生自身が表現した「大島」は，比較的「悲観的」なものが多かったのに驚いた（下線は筆者）。

　<u>「今の大島も昔の大島と比べる</u>

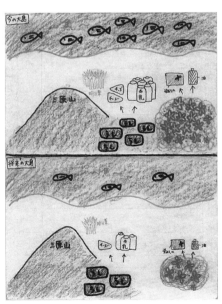

図10.1 「今の大島」「将来の大島」

と状態はあまり良くないと思う。椿や明日葉がそこらへんにまあまあはえ
ている。椿は油にしたり染めものにしたり，牛が何頭かいて牛乳やチーズ，
牛乳せんべい，もちもちミルクなどギリギリで作っています（夏は特に大変）。
とりあえず大島の海は泳げる!!　キレイだと思う。魚もまあまあとれてい
るはず」。

「昔の大島よりも今の大島の状態は良くないと思う。椿・明日葉の数が少
なくなり，そこらへんにはなさそう。少し探さないと…。牛の数もへる。
もしかしたらいなくなるかもしれない。そしたら大島のおみやげもなくな
るかも…。魚もへってきて，海も汚れはじめて，キレイとは思えないかも！
でもこうなる前に何かやっていれば，少しは大丈夫かもしれない」。

　生徒の「状態は良くない」という意見は，地域を身近で切実に感じるからこ
その表現なのかもしれない。しかし，「こうなる前に何かやっていれば，大丈
夫かもしれない」という意見は，自分（生徒）「が」地域にかかわる当事者とし
ての意識の弱さを感じた。「まず，私は大島に興味がないといったら悪いが興
味がなかった。現に観光客の方々の方が私より詳しかったりしてきた。だが，
授業を受けて多くのことを知りたいと思った。ここで終了するのではなく，自
分なりに大島のことを調べようと思った」と実践後の生徒の感想である。

　社会科教育および教育実践者として重要なことは，これらの諸課題について
自分の住む地域の現状を認識し，その課題の解決に向けた意識を子どもたちに
もたせることや方策を考えさせること，とくに，子どもたち自身に「当事者意
識」をもたせることである。その際，竹内が指摘する「日常生活の中において
醸成された個性的かつ切実な問題意識を保持しているものほど，地域学習から
質の高い『生きること』を学びとっている」ことに着目しつつ，実践するうえ
で「教師は地域学習を構想するにあたって地域のかかえる課題と子どもたちの
学習要求が一致したとき，地域学習において真に意味のある学びが成立する」
ことを意識しなければならない[2]。

　本章では，社会科の授業（学級）という枠にとどまらず，生徒の災害支援活動
への参加と学校行事の試み，すなわち①地域の人々と一緒に現状と課題を共有

し考察する「政治・経済」における授業実践，②「昔と今」「学校と地域」を
結びつける学校行事の取り組み（災害後に学校を主体として，地域の人々と一緒に
約40年ぶりに復活させた仮装行列）という二つの事例をもとに，自分の住む地域
との「つながり」意識，ひいては今求められている社会を「生き抜く力」「担
う力」をどう育むことができるかについて論じたい。

第2節 「教室」と地域における人間同士のコミュニケーション

(1) 地域に生きる人間

　1970年代の社会科の課題として中野らは，「抽象や一般化のみで片付けず，
具体的な生きた人間が躍動している社会科」，すなわち，「学習内容と学習過程
に生きた人間」が登場することの必要性をあげている[3]。また，学習者の個性
的な思考や多様な学習活動が重要視されていない結果，「価値の多様性を容認
し子どもの価値育成を含めた個性的な理解への取り組みの欠如」「子どもは受
け身で多様な学習活動がなされず，固定的で単調な授業展開」「子どもたちの
能力差に対処した取り組みの欠如」という問題があると述べている[4]。これら
の課題は，現在においても説得力ある指摘ではないだろうか。地域の課題を地
域で暮らす人々と一緒に考えること，地域に生きる人間を取り上げることは，
態度・感情・価値という情緒的側面をもち，その視点を通して，「子どもに理
解させたい科学的な通則（一般化）としての主要概念」，つまり「なに」を理解
させるかという教科目標につながる[5]。伊豆大島で暮らす同じ「島民」という
観点から，自分たち高校生だけでなく，地域の人々（同じ「島民」）と一緒に地
域の課題を共有したり，体験したり，方策を考えたり，行動したりする機会や
経験は，子どもたちの新たな疑問や興味・関心を喚起し，子どもたちの将来に
おける継続した学びや地域との「つながり」意識を育むことにつながる[6]。

(2) 「地域」課題の共有化

　大島では高校生が地域の人々に発表し，彼らと一緒に意見やアイデアを交換
し共有化する機会は少ない。大島で「今，何が課題か？」「その課題を解決す
るに何が必要か？」をテーマとして設定し，大島でくらす人々，サービス業（宿

泊・観光・地域振興・飲食）・運輸業（船舶）行政（町役場），社団法人（観光協会），郷土資料館の方々を招き，一緒に地域の現状や課題を共有化する授業実践を行った（写真10.1）。

高校生の課題や問題意識を抽出するため，以下の方法をとった。①「今の大島」と「将来の大島」の絵画作成および生徒同士の発表による

写真10.1 「地域」課題の共有化する授業実践

共有化，②①を材料に大島で何が課題か，大島の課題で何に興味・関心があるか，地域の誰にどんな話を聞きたいかなどのアンケートの実施，③アンケートから生徒の興味・関心が高いテーマをピックアップし，それに応えてくれそうな地域の人々（とくに，できる限り多様な意見から課題を共有化するために，行政や民間，非営利団体，公共機関など）を教室に招いた意見交換会の実施。

生徒の事前アンケートによれば，「このままでは町が廃れていってしまうし，お年寄りにいつまでも元気でいてほしい」「観光は大島のもっとも重要な産業と言えるし，今後の大島の経済にとても大きく影響する。これから観光についてどうしていくべきだと思っているか」「どうしたらもっと船賃・飛行機代が安くなるのか。大島と本土を結ぶ交通手段の現状とこれからどうなるのか知りたい」など，生徒の興味・関心が多い分野は「人口減・高齢化」「地域の活性化」「観光」「交通・インフラ整備」であった。

生徒は，ほかの離島と比較したさまざまなデータや観光情報などを活用しながら，地域の人々との意見交換および情報の共有化を図った。大島の問題・課題は，たとえば「観光客の増減（1980年代離島ブーム時は年間観光客数80万人以上，現在は20万人で減少の一途）リピート率の悪化」「人口（労働・青少年）の減少」「ネット・電波環境（ほかの島よりはよいが…）」「交通アクセスと運賃料金（鉄道などと比較して輸送量や輸送距離で考えれば大島の船舶料金は割安であるが…）」「宿泊施設数の減少，宿泊サービスの低下（観光客の増加やボランティアなど収容人数の

限界）など，外からの受け入れ体制が整っていない」「天候に左右されやすい観光（自然スポット，施設，客数，船舶）」といったものがあがった。いっぽう，それらの現状と課題の解決に向けた視点として大島の魅力についても話し合った。「安全面や空気など子育て環境が整っている」「課題以上の魅力が大島にはある。魅力をそれぞれが考え，発信することができる」「人々のあたたかさ，つながりがある」「不幸ではなく不便なだけ，便利よりも不便に慣れる大切さ」「郷土の踊り，民謡があり，受け継がれている」などがあがった。

　最初は大島と「外」との関係，とくに「観光」に着目し観光客を増やすためにどうすべきかという話題で展開されていったが，「観光」が切り口となって，その後は「地元（地域）」を見直すべき，行政への提言も含めた地元の人々にとっての課題が何であるか，という話題に移っていった。

〈例〉島民（大人）の意見

　　みなさんは知らないかもしれないが，ジェットフォイル（高速船）の料金設定について，船舶会社の株主は30％割引であるが，一般の人はなし。島民は当然のように35％割引で使っている。しかし，その料金を設定しているのは，国土交通省であってそれは，島民の意見からもそう設定してある。そこから，だれが，いつ，どう動いてどうなっていったのか？　もっと深く見る視点，調べる視点をもってほしい。私も島にいて今まで「つまらない」と思っていたことがあって，あん娘さん[7]なんかも，なんでこんな昔ながらのことしかやっていないんだと思っていたので，仲間を集め，アイデアを出し合って，形を実現しようとがんばり，資金の提供を受けるために作権代などすべてを受け渡すことを条件に船舶会社さんに依頼して，スーパーあん娘さんを立ち上げました。そこからお伝えしたいことは，「つまらない，くだらない」と思ったら，そこからどう変えるか？　具体的にどう行動すれば変わっていくのかまで，やっていかなければ何も変わらない。思っただけで終わらないでほしい。みなさんはあまり知らないかもしれないが，大島にそういう「熱い大人」はいるから，そういう大人の姿を見てほしい。また，「大島好き？」か常に自問自答してみることも大切。

第10章　地域との「つながり」意識をどう育むか　*101*

〈例〉生徒（女子）の意見

> 今は観光に目がいきすぎているので，そこを見直して島での生活を支援し充実させるべきである。大島では若い人が帰ってこないというのは深刻だが，あまりそうとらえていない。何もないからどうしようもないというスタンスである。しかし，子育てをするのはすごくよい。大島の子は素直。そんな風にも聞く。だとすれば，私は大島を「子育てするのに良い島」にするのがよいと思う。必要なのは小さい子を預かる保育園，住む家が第一だろう。こうした施設をつくり働き手をつのれば，職が増える。雇用が増えるのは島内で働きたい女性にとってよいことだと思う。また，島のなかでないことに慣れるのは子どもの成長にとってよいことではと思う。大島町がするべきは保育園をつくる，または支援する，子育てをする人の相談の場をもうけたり交流会をすることで，人と人との近さを知ってもらう。かかえこむことで人の見識は非常にせばまるため，誰かの手が必要だ。島民が戻ってきた場合も，仕事の相談やその他の生活をバックアップするシステムを役場で設け，サポートしていく。いつでも帰ってきて良いという島ならではの温かさを売りにすることが，大島の現状を良くする方法になると思う。

(3) 生徒の意識の変化

　授業後の生徒の感想として，「（女子生徒）大島を見つめなおすいいきっかけになりました。自分の地元がこれからどうなっていく可能性があるのか，またどうしていきたいのかよく考えたと思います。将来大島をどんな風に変化させていきたいのか，自分が考えたようなものになるように，少しでも大島の力になりないなと思いました」「（男子生徒）地域のつながりを利用して大島の魅力を住民にも観光客にも伝えられるようなイベントをやったり，島内でも近所の人で協力しあって支えあったり伝統をつないでいけたらいいと思う。積極的に高校生が協力したり，島外に出て大島の魅力を人に伝えたり，地域を盛り上げることができる」などがあった。

　大島高校は地域の学校であり，学びの主体である生徒も大島で生まれ育った子が多く，今後もその方向は変わらない。だからこそ，「教室」という場で，

102　第2部　主権者教育と地域をつなぐ

コミュニケーションを通して「地域の人々」と一緒に自分たちの住む地域課題を共有化し，その解決策を模索する営みが大切である。その結果として，「(授業後の感想) 大島のためにしっかりと自分で見て，感じて，考えて行動にしなければ変わらないとわかった」という生徒の意見が生まれ，「自己」と「自分の住む地域」に対する生徒自身の見方・考え方の変化が起こるはずである。

第3節　地域をつなぐ学校行事の試み

(1) 伊豆大島土砂災害

2013年10月16日未明に起こった台風26号による土石流，1日連続雨量，観測史上最大824mmの記録的な大雨により，死者36名，行方不明者3名，家屋等被害約400戸に及ぶ未曾有の土砂災害が起こった。自衛隊，特別援助隊員，海上保安庁，日本赤十字社，

写真10.2　土砂災害の支援活動

東京都職員，横浜市・熱海市・川崎市・さいたま市など各市区町村の消防，地元の消防団員，自主的ボランティアなど数千人規模に及ぶ人々の救助・援助活動が開始された。その日から約10日間，大島高校の今後を左右する，怒涛の日々が始まった。大島高校は中間考査中であったが，災害の翌日から教職員と生徒が一丸となり，自衛隊や消防団などの手が届かず，高齢者を中心に土砂や流木を掻き出している現場を選び，支援活動を行った (写真10.2)。また，二次災害に備えた避難民を受け入れるため，避難所開設に向けた準備と実際の運営を実施した。高校生の活動が新聞などさまざまなメディアに取り上げられ，高校生のパワーと地域に住む若者の必要性を感じた。

(2) 災害後の地域でくらす「私」の葛藤と課題

大島に赴任し，3年が経とうとしていた。生徒や保護者，地域の人々とも日々公的・私的な場 (空間) を通してかかわる，交流する機会が増えていた。自分の

なかに無意識であった島民という感覚，それが未曾有の災害をきっかけに，「同じ」地域に住む島民という意識がいつの間にか，芽生えていた。

災害から半年，大島の課題は復興に向けた人々の相互扶助，かかわり，つながり意識の醸成である。

写真10.3　40周年の仮装行列（1963年）

ところが，当然かもしれないが，災害被害の度合いによる住民意識の隔たり，災害後の物理的・精神的痛みが残り，「時間の経過」が必要であるのか，地域イベントの自粛ムードが続いていた。学校や学級にもその雰囲気は影響し，家や家族を失った生徒もおり，彼らに対する心のケアが必要とされ，災害の復旧や復興に対する話題への拒否反応は強い。

ちょうど災害が起きて半年が経った頃に，60代の地域の方々と交流する機会があった。「今，大島に元気がない。何か学校ができることはないか。昔，大島高校では，学校祭のなかで，みんなで町を練り歩く仮装行列があって盛り上がったんだ」という話を聞いた（写真10.3）。大島でくらす人々（とくに北部地域）の多くは大島高校の卒業生であり，母校への関心が高い。復興の布石づくりとして，地域の中核を担う学校として「生徒と地域」「過去と現在」をつなぎ，学校中心に島民同士のつながり意識を育むために，約40年ぶりに学校祭のなかで，現役の高校生と地域の人々とが一緒に町を練り歩く仮装行列の復活を試みた。

実施にあたっての課題は，授業（学級）という一人の「教師」の枠におさまらないため，生徒（学校全体）の主体的な参加意識，教職員への協力・協調意識，地元の人々への参加・協力意識をどうもたせるかであった。しかし，そこに，もう一つの大きな課題が，地域の復興イベントに対する生徒間や，地域の人々の間の意識の隔たりである。「みんなが一緒になって町を元気にすることが必要」という意識がある一方，「前進しなければいけないことはわかっていても，そ

れを今は考えることができない」という意識の人もいる。

　生徒による学校祭実行委員会の話し合いで，仮装行列の実施にあたっても「復興に向けても実施すべき」「災害時と同様に高校生として地域のためにできることをしたい」，他方「自粛ムードとして実施は困難」「災害被害にあった生徒もなかにはいる」と意見が分かれた。最後は，全生徒へのアンケートの結果，実施することになった。しかし，反対意見もあったことから，生徒の参加については全生徒の参加ではなく，任意というかたちになった。地域に対する参加・協力依頼をしたところ，島民の意識間の隔たりは大きく，「ぜひ，やってほしい」「協力したい，過去の伝統を復活してほしい」という意見がある一方，「今回は遠慮させていただきます」など，いろいろな意見もあがった。

(3) 約40年ぶりの仮装行列復活

　島内でポスターを通じての個人参加の呼びかけ，婦人会，町役場，大島支庁，地域の保育園，小中学校，警察署，社会福祉法人（知的障害者施設，社会福祉協議会），同窓会（卒業生），郷土芸能の団体など多様な地域の団体や人々への声かけを実施し，一般の参加者約160名，生徒約80名，合計約240名参加があった。できるだけ過去の仮装行列の経路，高校生が土砂の掻き分け作業を行った経路を通り，大島町の中心地を練り歩いた。公道を歩きながら，沿道の両側には老若男女ありえない数の人々の応援，外出困難な高齢者の人々も，家の窓から「ありがとう，がんばって」「懐かしい」などの声援があった。その後，仮装行列が大島町役場，毎月発行の広報「おおしま」の誌面を飾った（写真10.4）。

　災害被害にあった生徒のなかでも，参加した生徒もいれば，しなかった生徒もいる。地域の人々も同様である。一般の参加者の感想には「参加するか

写真10.4　広報「おおしま」

どうか迷いましたが，災害で亡くなった方々，天国にいる人たちに元気な姿を見せるためにも参加し，今では前向きな気持ちになりました」，高校生のなかにも「島民の人たちと一緒にこんなことができるんだ，パワーをもらったし，私たちでも島を元気づけられる」などがあった。

「人」と「人」との間にはさまざまな感情や価値観があり，批判や対立などの葛藤がはらんでいる。自己や他者の内面を含む，自己をとりまく社会，いわば地域の多種多様な課題や問題についてお互い助け合う，同じ「大島に暮らす島民」であるという意識をもつこと，そして，協調と協力の行動が必要である。多様な意見を受け入れつつ，自分に何ができるか，何をすべきかを考える，その機会をどれだけ，「教室」や「学校行事」などの教育活動を通して，生徒が体験できるかが大切である。自分「が」，「どう考えるか？」「どう判断するか？」「どう行動するか，しないか？」といった当事者としての意識をもたせることが，社会を「生き抜く力」「担う力」につながる。　　　　　〔吉岡　大輔〕

■注
1) 文部科学省「主権者教育の推進に関する検討チーム」中間まとめ　概要
2) 竹内裕一（1997）「進路選択過程における地域学習の意味」『新地理』第45巻第3号 p.15
3) 中野重人・中山芳教（1976）「社会科教育の人間化―実践的研究（その2）―」『社会科教育研究』p.17
4) 前掲2）．p.17
5) 同上，p.18
6) 前掲1），p.15。竹内は，地域の調査活動の事例から，「驚くべき新たな事実との遭遇や発見，感動的な人との出会いが，より質の高い『生きること』を獲得する契機となっていた。同時にそうした体験が新たな疑問や興味・関心を喚起し，子どもたちの継続した学びを誘発していた」と述べている。
7) 藤井伸『しまことば集 伊豆大島方言』によれば，名詞「あねこ」の変化した語で，娘，島娘，婦人を表す。あるいは，姉，年上の婦人に対する敬語。伊豆大島では，観光PRで使われることが多い。

第3部
変貌する社会と市民性

第11章　シティズンシップ教育を問い直す

第1節　シティズンシップ教育を問う視点

　選挙権年齢が18歳に引き下げられたことを受け，若者たちの政治への関心と教養を高めることが喫緊の課題となり，学校がその中心的な役割を担おうとしている。教育政策もこれを後押し，総務省・文科省が高校生向けの副教材『私たちが拓く日本の未来—有権者として求められる力を身につけるために—』を作成・配布したほか，高等学校に新科目「公共（仮称）」を設置する方針も示された。もっとも，高校生の自由な政治活動が全面的に容認されるようになったわけでもなく，「政治的中立」を梃子にした学校現場への統制が解除されたわけでもないが，若者と政治をつなぐ制度基盤が整備され，政治教育を拡充する潮流が生まれつつあることは確かである。政治教育をめぐる論議もこの制度変更と政策転換を受けとめ，新たな観点から深めることが求められている。

　こうしたなか，18歳選挙権の導入に呼応する教育論としてシティズンシップ教育への関心が高まっている。シティズンシップ教育は民主主義社会の構成員に求められる資質・能力を育くむ教育主張として知られ，近年，世界各国で重点的な課題に位置づけられている。日本では2000年代初頭頃から先行するイギリスやアメリカなどの取り組みが紹介されるようになり，2006年に経済産業省が発表した「シティズンシップ教育宣言」を通じて広く知られるようになった。そして現在，「18歳選挙権」が要請する政治的教養を育む教育論として改めて注目を集め，政治教育を拡充する政策潮流と符合しながら学校への導入が模索されている。

　すでにシティズンシップ教育をめぐっては，その基本理念や原理，思想潮流，教育実践の動向などを扱った研究がさまざまに展開されているが，学校への導

入が本格化しつつあることを鑑みるとき，日本社会に内在する状況や課題と関連づけた検討がいっそう強く求められる段階に入ったといえる。とりわけ，シティズンシップ教育を“民主主義を成熟させる教育”として機能させるためには，昨今の日本の政治・社会情勢にかかわって，次の2点の検討が重要と考える。

　一つは，政府・文部省が唱道する政治教育がどのような特質を有しているのかについて，一段と現実味を帯びてきた「憲法改正」をめぐる政治情勢との関連を視野に収めながら検討することである。もう一つは，シティズンシップ教育と新自由主義との関係性を問うことであり，とりわけ学校現場に深刻な影響を与えている格差・貧困問題への対抗的視座を導くことである。これら日本社会に内在する諸課題と対峙しないかぎり，シティズンシップ教育は本来的な役割を果たしえないばかりか，新たな問題を生み出しかねない。本章では，この2点を軸に検討を深め，シティズンシップ教育を学校に導入するにあたり，どのような「構え」が必要となるのかを考えてみたい。

　はじめに，教育政策が推進する政治教育の特質を「有権者教育」という観点から把握し，より広範な「主権者教育」の一環として位置づける必要性を論じていく。その後，シティズンシップ教育と新自由主義の関係性を検討し，社会的に排除された人々の視点からこの教育論を構想する意義を確認する。そのうえで，シティズンシップ教育が政治参加・社会参加を促すだけでなく，社会的包摂をも促す教育論として機能するために，どのような視座が求められるかについて，教育実践を足場に考えてみたい。

第2節　選挙がすべてか

　シティズンシップ教育の理論的指導者として知られる小玉重夫は，18歳選挙権の導入とそれに付随する政治教育の拡充政策を，戦後教育の画期と位置づける教育史像を提示する。小玉は，戦後日本の教育が政治的課題を忌避してきたとし，その「脱政治化」のメカニズムを歴史的に検証するとともに，1990年代以降を「教育が再政治化し公共性が復権する可能性が胎動した時代」と規

定している[1]。18歳選挙権もこうした時代の流れのなかで成立したとし，前述の副教材『私たちが拓く日本の未来』が若者の政治参加の拡大を求めて活動してきた市民運動・教育運動の成果に根ざしているとの見方を示し，その画期性と積極的意義を強調する。

他方，政策的に推し進められる政治教育を「有権者教育」として特徴づけ，その意義を限定的にとらえる見方も示されている。そこでは，政治教育の射程がもっぱら「選挙」に対応する資質・能力の育成にとどまっている点が批判的に検討され，こうした選挙への焦点化が現政権の政治戦略と親和的であることへの警戒が示されている。

政治学者・杉田敦は，選挙を「民意の反映」ととらえ，選挙結果を盾にして強権的な政治を正当化する「選挙絶対主義」とでもいうべき思考様式が広がっている現実に警鐘を鳴らし，その問題性を二つの側面から指摘している[2]。一つには，たとえ民主的な選挙を経て誕生した政治権力であっても「法の支配」に枠づけられなければならないという点の確認であり，選挙を民主主義の本質に位置づける見方が貫徹されることで立憲主義が動揺しかねないとの指摘である。もう一つは，代表制とは何かを切り捨てることで成り立っており，選挙結果が必ずしも民意を反映しているとはいい切れない点である。杉田は，1票を投じながらもその政治家・政党の政策の一部を支持していないケースや，政党が不利になる領域の争点化を避ける事例などをあげ，選挙結果だけで「民意」のすべてを語ることの危うさを指摘している。安全保障条約関連法案の「強行採決」や「憲法改正」の争点化回避など，昨今の政治情勢をふまえた的確な論点が示されているといえよう。

ここで『私たちが拓く日本の未来』の内容を細かく検討する余裕はないが，いま求められているのは，政治教育の拡充政策を前向きに受け止めながらも，その危うさにも目を向け，より意味ある実践を生み出す姿勢であろう。その際，「選挙」の位置づけは，昨今の政治・社会情勢にも関係して政治教育の方向性を考えるうえで重要な論点の一つを構成すると思われる。

議会制民主主義を採用する以上，どのような代表者を送り込むかはきわめて

重要であり，その見極めにかかわる資質・能力の育成が政治教育の基本的課題に位置づくことはまちがいない。だが，政治教育の主眼が「代表者選び」にかかわる資質育成だけにとどまるとすれば，「選挙絶対主義」的な思考をいっそう蔓延させ，"代表者を選びさえすればよい" という感覚を増幅しかねない。杉田の指摘を受け止めるならば，選挙以外の政治参加・社会参加の回路を視野に収めること，そして政治権力を監視する立憲主義の感覚を育むことも重要な教育課題に位置づいてくる。また，社会科には生活に根ざした政治認識や，政党・政治家以外のアクターにもふれることを重視する教育実践の歴史的蓄積が存在しており，これらは今日の教育実践を考えるうえでも重要な指針となる。

　このように考えるならば，シティズンシップ教育を通じた社会構成員の育成も，選挙権の行使能力を育む「有権者教育」に加え，それを包含するより広範な主権者教育の発想が求められてくる。模擬投票・模擬議会などの「選挙」に付随する学習の充実が図られるのは歓迎すべきであるが，それと同時に日常的な社会科学習のあり方が問われなければならない。基本的人権の意義とその獲得過程への認識を豊かにする取り組みや，平和や福祉，自治などにかかわる学習の充実化などと一体となって構想されなければ，選挙権の行使能力を育成する取り組みも空疎なものとなろう。

　ところで，シティズンシップ概念を先駆的かつ明快に整理したことで知られる社会学者トーマス・H・マーシャルは，イギリスの歴史経験を基盤にして，①自由権・財産権などの市民的権利（18世紀），②参政権などの政治的権利（19世紀），③労働権などの社会的権利（20世紀）というシティズンシップの三要素を提示した[3]。この類型に従えば，教育政策が唱道する政治教育では②の参政権の行使能力が重視され，他方で立憲主義を重視する立場からは，①の市民的諸権利にかかわる学習を充実させる発想が導かれよう。では，残る③の社会的権利とシティズンシップ教育はどのような関係にあるのだろうか。あるいは，シティズンシップ教育に社会的権利を内在化させることには，どのような今日的意義があるのだろうか。以下，その理論的・実践的な含意を検討してみよう。

第3節　シティズンシップ教育は新自由主義に抗えるか

　シティズンシップ教育の世界的隆盛には，その背景的事情として三つの文脈を指摘しうる。一点目は，グローバル化に伴う越境的移動の活発化であり，共同体の統一性やマイノリティの権利保障などの論点を含みつつ，国民国家の領域性に拘束されたシティズンシップ概念の問い直しが進められてきた。二点目は，代議制民主主義の下で広がる政治的無関心や政治不信への対応，そして新自由主義政策の下で加速した「社会離れ」への対応という文脈であり，これらを「公共性の危機」ととらえ，人々を政治・社会につなぎ止める必要性が提起されてきた。そして，三点目はポスト福祉国家型社会への転換という文脈であり，「大きな政府」から「小さな政府」への移行に際して，新たな公共空間を担う民間セクターの役割と社会構成員の自立・参加が強調されてきた。

　こうした関心のうち，日本では多文化主義への関心は弱く，第二・第三の文脈が強く意識される傾向にあった。その際，シティズンシップ教育の目標理念として盛んに提示されてきたのが「参加民主主義」であり，市民の直接的かつ能動的な政治参加・社会参加を理想に掲げ，それを促すための理論的言説と学習プログラムがさまざまに提起されてきた。シティズンシップ教育を牽引する小玉も，これまでの学校教育では市民が科学（＝専門家集団）の生み出す知を受動的に学ぶ構図にあったことを批判的にとらえたうえで，市民がその"無能性"を媒介に専門家と水平的につながり批評空間をつくり出す新たな学習モデルを提示し，これを「学力・カリキュラムの市民化」と呼んでいる。そこでは，福島原発事故を引き合いに出して公共的意思決定を専門家・官僚に委ねてきたことの弊害が語られ，市民の政治的判断力を高め，市民自身が公共的な意思決定場面に参入することの必要性が提起されている[4]。

　このように主流のシティズンシップ教育は「参加民主主義」を標榜し，市民の政治・社会への積極的な参加を呼びかけている。しかし，「市民参加」が民主主義の成熟をもたらす，という想定には疑問も投げかけられている。とりわけ，シティズンシップ教育と新自由主義との共犯的な関係を問うた仁平典弘は，この点について示唆に富む議論を展開している。

まず仁平は，政治参加であれ社会参加であれ「参加」が市民性の重要な要件に位置づけられている点について，これが特定の生のあり方だけを規範化する「排他的で一元的な政治」に転化する危うさをはらんでいるという。そのうえで，「参加」が階層の高い人々と親和的であるとし，経済的・社会的に余裕がない人々を市民性が十分に備えていない存在として表象する危険性を示唆する。シティズンシップ教育も，その取り組みの多くが大学附属校や選抜度の高い学校で展開され，ともすれば自らが何を周辺化・排除しているのか，その特権的な立場に無自覚なまま推進されることを危惧する。さらに，ボランティアや市民運動の参加者たちの意識分布が混淆（こんこう）さを備え，保守的傾向や反民主主義的態度と必ずしも対立せず，「市民」や「参加」という記号にはさまざまな政治的ベクトルが含まれていることを示唆している[5]。

　このように仁平は，福祉国家を支える制度・価値規範が空洞化しつつある現実を重く受け止め，シティズンシップ教育が新自由主義への有効な対抗軸になりえず，むしろ既存の権力構造を温存させていることを指摘する。個々の教育実践に即した実証的検討が不足しているように感じられるものの，「参加」の排他性・階層性・両義性を提起したこの議論は，昨今の日本社会および学校をとりまく状況を鑑みたとき，重要な問いを投げかけているように思われる。

　その一つは，シティズンシップ教育が階層を問わず，教室のすべての子どもたちの主体形成に貢献しうるのかという問いである。もう一つは，シティズンシップ教育が単に政治参加・社会参加を促すだけでなく，真に民主的で公正な社会の実現に貢献しうるのかという問いである。以下，仁平の議論を教育実践に接続させ，求められる実践設計の視座を導出してみたい。

第4節　社会的包摂をめざすシティズンシップ教育

(1) 学習権保障の実質化という視点から

　18歳選挙権をめぐる議論では，子どもたちを「主権者にする」ことが強調されがちであるが，子どもたちはすでに「主権者である」という点が軽視されるべきではない。子どもたちは参政権の行使主体として成長する存在であると

同時に，生まれながらにして人間としての尊厳と権利を有する存在でもある。

　周知のとおり，憲法第26条1項は社会権の一つとして教育を受ける権利を定め，「人種，信条，性別，社会的身分，経済的地位又は門地によって，教育上差別されない」（教育基本法第4条第1項）ことを掲げている。だが，新自由主義政策の下で顕在化してきた貧困・格差の拡大は，子どもたちの成育環境に深刻な影響を与え，学校でも家庭の経済力などに起因する格差・不平等がさまざまなかたちで顕在化している。

　こうしたなか，志水宏吉は公教育の理念を①能力主義，②平等主義，③統合主義，④民主主義に整理したうえで，近年の事態を“能力主義の突出”ととらえ，それが平等主義を脅かすだけでなく，統合主義と民主主義をも危機に陥れることを危惧している[6]。統合主義とは，教育を通じてさまざまな階層・集団の統合ないし融和を図る理念をさすが，格差・貧困問題の深刻化によって社会的分裂が深まり，多様な背景をもつ人々との出会いや交流も減少し，そのことが民主主義のあり方にも否定的影響を与えるとの見通しである。ただ，この連関構造をふまえて逆説的に考えるならば，平等主義の実現を通して社会的統合を促し，そこから民主主義を成熟させる発想を導くこともできるだろう。このような視座からシティズンシップ教育を構想できないだろうか。

　山田哲也は，貧困状態にある子どもたちの学力問題が家庭・学校・地域における「社会関係の傷つき」のなかで生じていることに関心を払い，安定的な生活基盤と適切な他者関係が学びの土台となることを強調する。そして，不登校経験者や引きこもりの子どもたちを支援する取り組みのなかから，①教師—生徒関係にみられるような権威的な関係を忌避し，なるべく対等な関係を構築する取り組み（水平的な関係を志向する実践），②「できること」よりも「安心してその場にいること」を優先する姿勢（能力主義に対する，存在の承認の優先），③多様な背景をもち，排除の経験によって傷つけられたために存在論的な安心を抱くことがむずかしい人々がともに生きるための技法の模索（共生の技法の模索）という3点を抽出し，これらがすべての子どもたちの学びの条件としても重要であるとし，ここから学校再編の可能性を展望している[7]。

現在，政治的教養を育成する方策として「社会的論争問題」を学ぶことが奨励さている[8]が，その学習に実質的な意味をもたせるためには，山田が示す学習環境の整備が重要な鍵になる。つまり，困難をかかえる子どもたちへのケアを軸に据え，一人ひとりの意見表明を尊重する学習空間を実現してこそ，多様な意見が交流しあう質の高い議論が期待できるのであり，そうしたコミュニケーションを通して他者とのつながりや社会への包摂も実感されていくのだと思われる。ただし，こうした環境が整備された「後」にシティズンシップ教育を展開するのではなく，シティズンシップ教育の実践自体が水平的な対話空間をつくり上げるという発想が大切である。シティズンシップ教育は「将来への備え」ではなく，現在を生きる子どもたちのエンパワーメントと他者関係を切り拓く実践として構想されなければならないからである。そうした学校・教室への肯定的な包摂経験の先に，より広域の社会・政治への参加意欲が高まっていくことを期待したい。

(2)「当事者性」という視点から

　とはいえ，シティズンシップ教育の射程は子どもたちの学習権の保障にとどまるわけではなく，やはり社会変革に接続する教育実践上の手立てが考案されなければならない。とりわけ，シティズンシップ教育が既存の権力構造を温存することを指摘した仁平の議論を受け止めるならば，教育実践でいかなる問題を取り上げ，いかなるかたちで学ぶべきかが重要な検討事項に位置づいてくる。私たちがしばしば目にするのは，社会的論争問題の学習場面に際して，既存の権力構造を支える現状肯定の言葉が客観性・論理性・合理性を装い，教室を支配する光景である。そこで欠落しがちなのは，自己の内面・生活経験をくぐり抜けた生身の言葉の交流であり，社会問題のリアリティへの認識ではないか。

　北海道の中学校教師・平井敦子は，子どもたちの生活・要求と離れた地点に争点が設定され，「正解／不正解」を問うような政治学習が広がりつつある現状に強い危機感を表明し，徹底して自己の生活・価値観に根ざして探求することの大切さを説く。模擬投票に際しても「選挙は"教師が用意したメニュー"で選ばせることではない」と述べ，「自分を見つめ，自分の代理人を選ぶこと」

の大事さを繰り返し伝えるという。このような働きかけを通して，子どもたち
は祖父母の介護や親の収入といった自らの生活のなかに「政治」を探りはじめ，
当事者として社会的争点や政策論争などと向き合いはじめるという[9]。

　このような内面的探究を重視する視点は，本書の第1章で示されている「A
自己の内側からの思考」とも重なる[10]。ただ，坂井が提起する「Aの思考」は，
自己の内的対話の回路であると同時に，社会問題の当事者（被害者）への共感を
拓く回路としても位置づけられている。そこには，福祉国家を支えてきたメン
タリティーを復権する意図を読み取ることができる。さらに，教師もまた「A
の思考」をくぐることの大切さが語られているが，それは社会の周辺に追いや
られ，弱い立場におかれた人々の「声なき声」を救い上げる教師の公共的使命
として理解できよう。今後，「政治的中立性」をめぐる議論も，こうした学校・
教師の公共的役割をふまえながら深められる必要があろう。

第5節　公正な社会の実現に向けて

　シティズンシップ教育の名の下で学ぶに値する学習テーマは，いかなる性質
を備えるべきなのか。シティズンシップ教育は社会の構成員（市民）が備えるべ
き資質・能力を定める点において，あらかじめ「排除」の論理を備えた教育な
のかもしれない。そうした限界をふまえ，より普遍的な「人権」や「人間の安
全保障」といった言葉を通して公正な社会に向けた教育のあり方を展望するの
も選択肢の一つだろう。だが，それでも「シティズンシップ」という言葉を用
いることに積極的な意味があるとすれば，シティズンシップからこぼれ落ちた
人々の存在を照らしだし，その「排除」のありようを社会構成員の亀裂や社会
統合の危機としてとらえ返すことができる点にあるのではないか。国籍のちが
いによって権利をもてない人々，権利を有しながらも社会参加の機会や意欲を
失った人々，共同体の負担や犠牲を押しつけられている人々など，これらを社
会構成員の関係の歪みとしてとらえ返し，望ましい社会のあり方を問うことで，
シティズンシップ教育は固有の存在理由を示すことができるのではないだろう
か。そのとき，政治参加・社会参加を促すことにとどまらない，公正な社会の

実現に向きあうシティズンシップ教育の展望が開かれよう。　　　　［小瑶　史朗］

■注
1）小玉重夫（2016）「公共性の危機と教育の課題―教育の再政治化とどう向き合うか―」佐藤学・秋田喜代美・志水宏吉・小玉重夫・北村友人編『岩波講座 教育 変革への展望1 教育の再定義』岩波書店
2）杉田敦（2016）「立憲民主主義を取り戻すために」教育科学研究会編『教育』2016年5月号
3）T.H.マーシャル，トム・ボットモア／岩崎信彦・中村健吾訳（1993）『シティズンシップと社会的階級―近現代を総括するマニフェスト―』法律文化社
4）小玉（2013）『学力幻想』筑摩書房，pp.168-171
5）仁平典宏（2009）「〈シティズンシップ／教育〉の欲望を組みかえる―拡散する〈教育〉と空洞化する社会権―」広田照幸編『自由への問い5 教育―せめぎあう「教える」「学ぶ」「育てる」―』岩波書店
6）志水宏吉（2016）「教育格差と教育政策―公教育の再生に向けて―」佐藤・秋田・志水・小玉・北村編前掲書
7）山田哲也（2016）「格差・貧困から公教育を問い直す」佐藤学・秋田喜代美・志水宏吉・小玉重夫・北村友人編『岩波講座 教育 変革への展望2 社会の中の教育』岩波書店
8）小玉（2016）『教育政治学を拓く―18歳選挙の時代を見すえて―』勁草書房，第9章
9）平井敦子（2016）「『私』の価値を育む―民主主義を生かす授業―」教育科学研究会編『教育』2016年5月号
10）本書の第1章に加え，坂井俊樹（2016）「社会的危機・地域再生に向き合う社会科授業のために」坂井編『社会の危機から地域再生へ―アクティブ・ラーニングを深める社会科教育―』（東京学芸大学出版会）も参照されたい。

第12章 「特別の教科　道徳」と高等学校公民科「公共」を考える

第1節　教育の中立，公正と教師の役割

　子安潤は，授業における中立と公正を，憲法的原則として憲法第13条「すべての国民は，個人として尊重される」の考え方をあげ教育内容や授業過程の中立性の意味を解き，偏りがないという意味で中立を定義している。これに対し公正は，何かによって不利益を得ている場合，特定の側に味方することが公平であり，社会的な公正が教育にはあることを主張している。そして，教師も国家の僕ではなく，文化と教育の専門性と自律性をもった専門職と位置づけている[1]。また，3.11東日本震災と福島第一原発事故以後，事実を隠蔽したり，過小に見せかけたりする文科省などの原発・放射能教育への批判とこれに対する授業実践の蓄積や授業プランを提案し，まちがった内容を教える授業が構造的に行われていること，授業のなかで一面的な価値判断が強要されていることが，学校と教師および子どもにとってのリスクであり，教職という仕事の使命を脅かし，子どもにとっても大きなダメージとなっていると指摘している。その原因として，教育の商品化と教育の政治化の二つをあげ，教科書の内容や教科書検定の政治的な行為によって生じている授業内容の虚飾や学習による価値・判断の強制に対して，教師が，教科書のまちがいを教えることを回避することを専門性の一つにあげている[2]。

　子安の主張は，現代社会を学ぶ授業に対する現在の状況への的確な分析となっていると筆者は考えている。この観点から，中立と公正を踏みにじり，尊重されるべき個人の思想信条への強制の可能性があり，国家主導の価値観を土台とした小中学校「特別な教科　道徳」と高等学校「公共」は，教師や子どもにリスクを背負わせ，大きなダメージとなることが危惧される。

　「特別の教科　道徳」は，2015年3月27日に官報公示で学校教育法施行規則

を改正し，学習指導要領の「道徳」を「特別の教科　道徳」（以下，「道徳科」）
とした。そして，文科省は，2016年8月1日に公開された中央教育審議会教育
課程企画特別部会に提示する小中高等学校の次期学習指導要領改定に向けた
「審議のまとめ」の要旨で高等学校公民科の共通必履修科目を，「公共（仮称）を
設定3)」（以下，「公共」）するとした。これは，「道徳科」がそもそも教科として
成立するのかという疑問や検定教科書による学習内容の強制の問題，「公共」が，
人間としてのあり方生き方に関する教育として，公民科の「現代社会」および
「倫理」，特別活動の目標に書かれている「人間としての在り方生き方」，道徳
教育の目標全体をふまえた指導である公民科の必修教科となり高校道徳教育の
中核的指導の場となる問題を提起した。こうした教育内容や価値観の強制は，
中立と公正の教育的な立場からの逸脱，教師と子どもへのダメージとなる。こ
れを回避する責任は，専門職としての教師の使命である。

　本章では，第2節で「道徳科」，第3節で「公共」の問題点をいくつかの視
点に絞って論じ，第4節で「道徳科」「公共」を転換する実践の可能性を考察し，
「道徳科」「公共」の実践的な改善を進めたいと考える。

第2節　「道徳科」の問題点—教科，教科書，評価—
(1)「特別の教科」として成り立つのか4)

　「道徳科」の問題を，『小学校学習指導要領解説　特別の教科　道徳編』（平成
27年7月，文部科学省；以下，「解説」）に基づいて検討する。

　第一に，「道徳科」は，「いじめの問題への対応の充実や発達の段階をより一
層踏まえた体系的なものとする観点からの内容の改善，問題解決的な学習を取
り入れるなどの指導方法の工夫を図ることなどを示した」（「解説」）としている。
ここで，学校関係者には緊急な課題である「いじめ」を取り上げて，教科化の
理由としているが，「いじめ」については「認知件数」で学校における理解の
内容が変更されたり5)，「いじめ」の件数が理解の変更や社会的な関心によっ
て大きく変動したりしている。また，東京都教委の調査では，認知件数が，
8151件（平成25年度）から2823件（平成27年度）と大幅に減っている6)。「いじ

118　第3部　変貌する社会と市民性

め」問題を軽視しているわけではない。しかし，さまざまな理由によって，統計数値自体が乱高下したり，改善状況も表れたりしている事実をみることなし，「道徳科」が「いじめ」問題への対応とする論を成り立たせるのは困難である。さらに，「いじめ」問題に取り組む場合，教室で現実に起きている問題や子どもをとりまく生活環境への配慮などが課題であることは周知の事実であり，これらの複合的な問題が「第2 内容」で示されている内容項目やそれに基づいて制作される検定教科書で，問題解決的な学習として教育的に扱えるのかには疑問がある。

第二に，「歴史的経緯に影響され，いまだに道徳教育そのものを忌避しがちな風潮があること，他教科に比べて軽んじられていること，読み物の登場人物の心情理解のみに偏った形式的な指導が行われる例があることなど，多くの課題」(「解説」)があることも，「道徳科」の理由となっている。歴史的経緯が，「修身科」による国家主義教育による戦争遂行体制構築に果たした役割をさすとすれば，現在の教員の年齢構成から考えて，これと直接に結びつける議論は少数であろう。むしろ，入試や学力調査と関連のない学習として軽視されているのが現状である。また，形式的な指導の問題では，副読本などの教材と内容項目が子どもの生活実感から乖離していることに子どもも教師も気がついているからである。これらのことから「道徳科」創設を正当化するのは困難であり，むしろ，内容項目を含めた道徳教育のあり方を検討することが必要と考える。

(2)「道徳科」の検定教科書，評価をめぐって

「解説」では，「『特別の教科 道徳』(仮称)に検定教科書を導入する」と書かれ，現在，小学校教科書が検定中で，2017年度に採択が行われる。検定教科書の詳しい内容は不明だが，その内容と性格は，「『私たちの道徳』が全国の小・中学生に配布され，道徳の時間をはじめ，学校の教育活動全体で行う道徳教育において，また，家庭や地域との連携などにおいて活用されている」と評価し，「道徳教育の充実を図るためには，充実した教材が不可欠であり，今後，道徳教育の要である「特別の教科 道徳」(仮称)の中心となる教材として，全ての児童生徒に無償で給与される検定教科書を導入」し，「教科書の著作・編集や

検定の実施を念頭に，学習指導要領の記述をこれまでよりも具体的に示すなどの配慮を行う」とした中教審答申が参考となる[7]。『私たちの道徳』を参考とするならば，科学的な知見とはいえない内容が取り上げられている。たとえば，伝統的な作法として取り上げられている「江戸しぐさ」(小学校高学年) である[8]。今後，教科書を編集している教科書会社がこうした誤りのある内容を記述することはないであろうが，明白な誤りを記載する『私たちの道徳』や副読本，教科書を批判することは教科書の正確性のために必要である。さらに，「内容項目」に拘束されることによって教材自体の理解，解釈の誤りなどがある。検定教科書が，教科書会社の努力，創意工夫によって「よりよい」教科書が供給されることを期待するとともに，「学習指導要領の記述をこれまでよりも具体的に示すなどの配慮」によって，画一化され，「内容項目」の強制になりかねない危険性を指摘しておく[9]。

　評価については，「一人一人のよさを伸ばし，成長を促すための評価を充実する」とし，「数値などによる評価は行わない点に変わりはないが，学習状況や道徳性に係る成長の様子を継続的に把握し，指導に生かすよう努める必要がある」と書いている。段階的な評定を行わないことや個人内評価であることが強調されているが，いっぽうで，「ねらいとする道徳的価値についての理解を深めているかどうか，自己を見つめ自己の生き方についての考えを深めているかどうか，道徳的価値の自覚を視点として児童の学習状況を確認する」と学習指導過程での評価について述べ，学習指導案に「評価の観点」を記述することを求めている。この評価は，子どもたちの学習状況の評価とともに，教員の指導過程の評価を含んでいる。学習評価の観点の「道徳的価値」は，学習指導案に書く「内容項目」に準じることとなる。1時間ごとの「道徳科」授業を「内容項目」の子どもの学習状況の到達によって評価し，教員に学習過程の改善を迫ることになる。「内容項目」は，「学習の基本」であるとされ，低中高学年・中学校別に「指導の要点」(行動目標) が示されており，これらに沿って年間指導計画として作成することになる。こうした「道徳科」の学習指導と評価が，「児童や学級の実態に即して，教師自身の創意工夫を生かして作成する指導計

画」によるならば，子どもにとっても有益な方向になる可能性も考えられるが，指導計画は，校長が道徳教育の方針を明確にし，指導力を発揮して，道徳教育推進教師を中心として，道徳科の年間指導計画を作成することになり，学級担任の裁量の余地がどれだけあるか疑問である。さらに，20項目を超える「内容項目」に即して指導計画がつくられることによって，1時間ごとに細分化された授業となり，形骸化した学習指導と学習状況評価が行われる危険性がある。教師もそれに拘束され，授業改善を迫られるならば，「内容項目」の行動目標が評価基準となり，画一化された権威的な「道徳科」授業となることが危惧される。

第3節 「公共」で期待される生徒像

(1)「公共」の学習内容の問題点

「公共」は，前述したように高等学校における道徳教育の中核的な学習として位置づけられている。ここでは，「公共」の学習内容を取り上げる。

「審議のまとめ」では，「公共」で取り上げる題材として，「政治参加，職業選択，裁判制度と司法参加，情報モラルといった各主体ならではの題材を取り上げるとともに，指導のねらいを明確にした上で，各主体の相互の有機的な関連が求められる，例えば，財政と税，消費者の権利や責任，多様な契約などの題材を取り扱うこと」や「現実社会の諸課題，例えば，公共的な場づくりや安全を目指した地域の活性化，受益と負担の均衡や世代間の調和がとれた社会保障，文化と宗教の多様性，国際平和，国際経済格差の是正と国際協力などを探究する学習」が学習例としてあげられており，これらが学習指導要領の学習内容になることが予想される。ここで述べられている主体とは，「政治的主体となる私たち」「経済的主体となる私たち」などと記述されているように生徒自身のことである [10]。これらの諸課題を政治的主体，経済的主体としての生徒の「討論，ディベート，模擬選挙，模擬投票，模擬裁判」などによって学習する方法がとられるが，実際の授業では，政治参加や裁判制度などの社会問題に対して本質的な討論を回避する傾向があり [11]，「審議のまとめ」においても「特定の事柄を強調しすぎたり，一面的な見解を十分な配慮なく取り上げたりする

など，偏った取扱いにより，生徒が多面的・多角的に考察し，事実を客観的に捉え，公正に判断することを妨げることのないよう留意するとともに，客観的かつ公正な資料に基づいて指導するよう留意する」と歯止めをかける姿勢を崩していない。さらに，政権政党が「偏った教育」キャンペーンをするなかで [12]，本質的な問題を避け，自分のできる「心がけ」程度の学習になる危険がある。また，主体となる生徒の公共的空間の基本原理として「倫理的主体となる私たち」をあげており，道徳教育のまとめとなることが予想される。

　さらに，「キャリア教育の観点から，特別活動などと連携し，経済，法，情報発信などの主体として社会に参画する力を育む」としているが，政治，経済，法などの社会の機能に参加する主体という位置づけは「倫理的主体」が前提となることを考えると，基本的に権利としての社会参加ではなく，道徳的な社会参画となっていることが「公共」の特徴である。日本国憲法の主権者，基本的人権，平和主義の具現者としての主体という発想はない。

(2) 18歳選挙権と「公共」

　文科省は，「高等学校等における政治的教養の教育と高等学校等の生徒による政治的活動等について（通知）」（2015年10月29日）を通達した。また，文科省，総務省著作『私たちが拓く日本の未来　有権者として求められる力を身に付けるために』を副読本として発行した。これらは，18歳選挙権に向けた文科省などの立場を表している。

　政治的な教養は，「教科においては公民科での指導が中心となる」としており，公民科の必修科目である「公共」が担う割合は大きい。また，『私たちが拓く未来』は，「学校現場における政治や選挙等に関する学習の内容の一層の充実」のために発行されており，「公共」の政治的な教養の中身を考える材料となる。通達が，旧通達（1969年10月31日）と比較すると，高校生の政治活動の位置づけを，政治活動の禁止から，政治活動への熱中を否定するなどの問題を含むが，18歳選挙権への対応に限定つきでも，前進させたことは大きい。では，『私たちが拓く未来』にみる政治的教養はどうだろうか。学習項目では，公職選挙法や選挙の仕組み，投票率の問題，学校での政治に関する学習方法を学ぶことが

重視されている。しかし，生徒の生活や社会的な関心事に適応する切実な課題は提示されていない。これでは，政治的な教養には程遠いであろう。

　これらのことから，「公共」は，生徒を主体といいながらも，社会全体を視野に入れた主権者として位置づけていないと考えられる。また，倫理的主体を前提とした道徳的な心情主義の強調されていることは，「公共」が，社会を形成する主権者として生徒を描かず，生徒の個人的内面形成を意図していることを表している[13]。

第4節　「道徳科」「公共」を転換する可能性
(1) シティズンシップ教育による学習転換の可能性

　自立した市民として，主権者として子どもを育てるべき「道徳科」「公共」を，「内容項目」の行動目標が評価基準となる画一化された権威的授業，現状のような委縮した「政治教育」，本質的な論点を回避した「話し合い」にしないために，教師の専門職性が問われる。専門職として，「道徳科」「公共」を学習指導要領と検定教科書の枠内で実践することは，委縮し本質的な論争を回避する教育実践を上書きすることになり，子どもにとって有益な学習とはならない。それを改善する視点をして，「道徳科」「公共」をシティズンシップ教育によって編み直すことを提案する。

　シティズンシップ教育にはさまざまな考え方があり，文言だけならば，文科省の資料でも使われており，教育の世界的な動向ともなっている。シティズンシップは，市民としての権利，政治的な権利，社会的な権利をよりよい社会の実現のために行使し，多様な社会構成者と積極的にかかわろうとする資質であり，シティズンシップ教育は，その資質を育てる教育である。「道徳科」「公共」は，市民道徳や18歳選挙権をめぐる教育など，市民としての権利，政治的な権利，社会的な権利を学習内容に内包しており，シティズンシップ教育の側面を有している。いっぽうで，シティズンシップ教育の内容や方法は，国家主義的な性格とリベラルな性格の二面性をもっている。国家主義的な性格が強調されることにより，「道徳科」における「内容項目」に限定された権威主義的な

授業，「公共」での個人的な内面形成，道徳的な心情形成につながることになりかねない。「道徳科」「公共」を改善するためには，シティズンシップ教育のもう一つの性格であるリベラルさを生かす授業実践が必要となる。

　その内容として，第一に，「道徳科」では，基本的人権や平和などの問題を社会科を中心とした教科教育で学習することと，生活指導や子どもの自治的な活動の豊かな取り組みを土台としつつ，子どもにとってリアリティのある教材を活用した学習である。それは，現実の生活のなかで起こっている問題を解決するために，生活の事実を明らかにし，社会的な公正に即して考えることである。生活のさまざまな問題を考え，矛盾や問題点を考える学習は，「道徳科」における問題解決的な学習としても有効である。たとえば，『生活指導』（No.722，2015年10月）に掲載された小座野喜子「副読本『はしのうえのおおかみ』から―本来の道徳を考える」，星野広大「命の尊さを考える」，稲垣勝義「『私たちの道徳』を授業する―『杉原千畝』の自主編成」などの実践は，『私たちの道徳』や自治体によって選定された道徳副読本を使いながらも学習内容をつくりかえたり，自主的な教材を開発したりして，子どもの生活現実，リアリティに沿った授業を進めている。

　第二は，「公民」において本質的な問題を取り上げた討論の授業である。現代社会の諸問題，とりわけ政治的な問題の議論である。政治とは選挙のことだけではない。原発問題，環境問題，安全保障問題などは，それぞれが複雑な要件で構成されており，選挙のような政党選択とはちがう内容を含み，これを調べ，討論することは，政治的な教養を深めることにつながる。たとえば，杉浦真理の高等学校における実践は，グローバルな視野をもちかつ，現代の民主主義を学習する実践として評価することができる[14]。

　第三に，「道徳科」「公共」に共通する課題となる教材研究である。検定教科書は，学習指導要領の枠内で，学習内容だけでなく学習方法まで書くことになろう。教師として必要なことは，教科書教材の研究や教科書教材を超える学習する価値のある教材の開発である。現在の道徳や教科教育の授業を子どもの成長に意味のある内容に改善したのは，教師の役割である教材研究，教材開発で

あり，授業を進める教師の努力と創意工夫である。たとえば，埼玉県では，教育研究所の集団的な検討で，道徳教材を開発し，子どもを中心に据えた道徳教育の実践が進んでいる[15]。「公共」では，18歳選挙権に向けた福田秀志「生徒は国際社会の平和・安全（国際貢献）についてどう考えたのか」や池田考司「一八歳選挙権に向けての教育を広げていくために」などの実践[16]は，今日的な課題である国際貢献や18歳選挙権の問題を，高校生の姿に信頼し，論争を意図することで主権者を育てる学習を進めている。

「道徳科」「公共」が政権党の政治的な背景をもっていることについては言及しないが，政治的な内容であっても子どもの学習をよりよくすることは教師の仕事である。教科と道徳の関係の見直し，本質的な討論授業の実践，そして教材研究を教育的な観点から進めることが求められる。

(2) 教育課程編成を取り戻す

「内容項目」による心情主義的な「道徳科」，政治を教養として知っていることに狭めようとする「公共」を，主権者として行動できる子どもに育てる学習にするためには，教育課程編成を学校と教師の手に取り戻す必要もある。教育課程編成は，教科内容を並べることではない。学校における子どもの生活を含むすべての活動が含まれる。教育課程は，学習指導要領では，「各学校においては，教育基本法及び学校教育法その他の法令並びにこの章以下に示すところに従い，児童の人間として調和のとれた育成を目指し，地域や学校の実態及び児童の心身の発達の段階や特性を十分考慮して，適切な教育課程を編成する」とし，学校で編成することが鍵になっている。また，道徳教育は，学校教育全体のなかでなされると書かれているし，「グローバル化する国際社会に主体的に生きる平和で民主的な国家及び社会の有為な形成者」を育成する「公共」のねらいも，一教科で達成されることではない。

学級，学校における民主的な学習参加が保障されているのか，子どもの声を聴く学校になっているのかなど，教育課程を子どもの実態から出発しつくり直すことが，道徳教育や主権者を育てる教育の土台となる。学習指導要領改訂にあたり，改めて，教育課程・学校づくりの課題を考える機会としたい。

第12章 「特別の教科 道徳」と高等学校公民科「公共」を考える *125*

［中妻　雅彦］

■注

1) 子安潤 (2016)「授業における中立性と公正さ―憲法的原則と教育の原則」『18 歳選挙権時代の主権者教育を創る―憲法を自分の力に』新日本出版社，pp.183-184

2) 子安潤 (2013)『リスク社会の授業づくり』白澤社，pp.12-18

3)「公共」は，「現代社会の諸課題を捉え考察し，選択・判断するための手掛かりとなる概念や理論を，古今東西の知的蓄積を踏まえて習得するとともに，それらを活用して自立した主体として，他者と協働しつつ国家・社会の形成に参画し，持続可能な社会づくりに向けて必要な力を育む」としている（『毎日新聞』2016 年 8 月 1 日付）。

4) 学習指導要領では，学校教育全体を通して行う道徳教育の要として「道徳科」を位置づけており，屋上屋を成す「道徳科」が教科と成りえるのかという疑問もある。折出健二「戦後教育と道徳の『特別教科』化」日本教育方法学会編『教育方法 44　教育のグローバル化と道徳の「特別の教科」化』（図書文化，2015 年）を参照。

5) 国立教育政策研究所生徒指導・進路指導研究センター『生徒指導リーフ―いじめの「認知件数」』（平成 25 年 1 月）

6) 東京都教育委員会「平成 27 年度 東京都公立学校における『いじめの認知件数及び対応状況把握のための調査』結果について」http://www.metro.tokyo.jp/INET/CHOUSA/2015/12/DATA/60pca101.pdf（2016 年 8 月 25 日確認）

7) 中央教育審議会『道徳に係る教育課程の改善等について（答申）』（平成 26 年 10 月 21 日）

8)『私たちの道徳』小学校 5，6 年用 (2014)「2 人とつながって　(1) 礼儀正しく真心をもって」（pp.58-59）に「かた引き」「かさかしげ」などが取り上げられているが，これらの行為は，江戸時代の史料にはまったく記載がなく，1970 年以降の創作である。江戸しぐさは，数社の道徳副読本，中学公民教科書（育鵬社），小学校算数教科書（啓林館）などにも取り上げられている。

9) 山崎雄介「道徳の『特別教科化』と学校教育の課題」（日本教育方法学会編『教育方法 44 教育のグローバル化と道徳の「特別の教科」化』図書文化，2015 年）を参照。

10)「公共」の学習イメージは，「教育課程部会社会・地理歴史・公民ワーキンググループ資料 17-1（平成 28 年 5 月 26 日）による。http://www.mext.go.jp/b_menu/shingi/chukyo/chukyo3/071/siryo/__icsFiles/afieldfile/2016/07/06/1371619_17.pdf（2016.8.25 確認）

11) 子安 (2016) 前掲書，pp.190-194

12)『毎日新聞』(2016 年 7 月 9 日付)。自民党ホームページからは削除されている。

13) 子安潤「新教科『公共』の問題点と可能性」(『高校生活指導』201 号，高校生活指導研究協議会，2016 年) が，政治的な意図，改善の方向を考えるうえで詳しい。

14) 杉浦真理 (2013)『シティズンシップ教育のすすめ―市民を育てる社会科・公民科授業論』法律文化社

15) さいたま教育文化研究所 (2015)『民主的な道徳教育を創造するために 実践編』

16) 全国民主主義教育研究会編 (2016)『民主主義教育 21』Vol.10，新時代社

126　第 3 部　変貌する社会と市民性

第13章　韓国の学校教育における市民教育

第1節　韓国における「民主市民教育」

　韓国では中・高校生が学校を出てデモを行うことは珍しいことではない。最近では，朴槿恵政権の退陣を求めるデモに多数の高校生が参加している。韓国の児童・生徒はどのような教育に従い，こうしたデモに参加し，社会にかかわろうとしているのであろうか。

　この問いを解く一つの鍵は，韓国で民主市民教育と称される市民教育にある。朴永奎は，現在的な意味での民主市民は1987年の民主化宣言と大きくかかわっているとする[1]。尹敬勲・上原直人は，シティズンシップ教育より韓国の民主市民教育を紹介し，民主市民教育（Civic Education for Democracy）とは持続可能な民主主義の発展を市民の資質と意識から支える教育という意味とする。1990年代後半には民主主義の制度的な側面と認識・知識の側面で大きなギャップが生じて発展が停滞したため，近年「民主主義政治体制の構成員としての役割認識と権利・義務など市民の資質を育成する」[2]民主市民教育が強調されるようになったと論じている。

　しかし，これら先行研究では民主市民教育の大きな軸である学校教育を断片的にしか論じていない。そのため，本章では学校教育における民主市民教育での児童・生徒と社会とのかかわりを市民や民主主義，選挙を中心に明らかにする。その過程で，最初にあげた疑問にも答えていきたい。なお，本章では韓国での呼び名に従い，韓国の市民教育をさす場合は「民主市民教育」，参加は「参与」と記す。

第2節　韓国における子どもの状況と民主市民教育

　まず，韓国の子どもの状況はどうなのであろうか。高校教師のホジンマンは

生徒の様子を次のように述べる。「学生はすでに，社会を権力争いで勝利した人のものであると認識している。それが正しいとまで考える。意地悪い社会学の表現を借りれば，私が勉強できないのは能力のある父母と出会わなかったからであると。新自由主義はこのように自覚させる。正当な努力をしてもそれに見合う保証がなされなければ，結局，自分を批判し愛せなくなる」[3]。韓国は1997年のIMF経済危機以後に新自由主義経済の影響を大きく受け，経済格差は開く一方であり非正規社員も多い。新聞記事によると2016年3月基準で韓国全体の失業率は4.3％で，日本の完全失業率3.2％と比較して1.1％高い。韓国がより深刻なのは，若者（15〜29歳）の失業率が11.8％であるということである。この数字は1999年6月に統計基準が変わって以来，歴代最高値を記録した[4]。このような社会状況のなかで，社会と自分の関係を重視し，社会での存在意義を生徒にもたせることが公教育や教師に必要であるとホジンマンは説く。

　こうした背景から，韓国では民主市民教育が以前にもまして注目されている。民主市民教育とは，前述した尹・上原の定義に従うと「持続可能な民主主義の発展を市民の資質と意識から支える教育」である。韓国では市民教育ではなく，市民の前に「民主」がつけられており，イボムウンによるとこの民主は民主主義をさし，民主市民教育は民主＋市民＋教育の合成語であるとする[5]。このとくに民主主義をつけた民主市民という用語のために，韓国の市民教育は民主主義を主に教える政治教育との親密性がより高いようである。こう考えるには二つの理由がある。一点目は，韓国現代史との関係である。1945年の解放後，1987年の民主化宣言まで韓国の現代史は，李承晩，朴正煕，全斗煥といった歴代大統領による軍事独裁政権が中心であった。民主化以前のこの軍事独裁政権時には人々の政治活動や人権が抑制されたことから，民主化以後は「民主主義を勝ち取った」政治意識が民主市民という言葉に反映されている。二点目は，ドイツの政治教育の影響である。今もなお朝鮮半島は分断されているが，こうした分断体制を克服し再統一を果たしたドイツの市民教育が韓国では盛んに参考にされている。ドイツの市民教育は政治教育であることから，韓国の民主市民教育を「国家と地域社会で生じている政治的現象への知識，政治的判断，批

表13.1 教育基本法における政治と教育についての日韓比較

韓国教育基本法（2007.12.21改訂）	日本教育基本法（2006.12.12施行）
・第6条（教育の中立性） ①教育は教育本来の目的に沿ってその機能を果たすよう運営されなければならず，いかなる政治的・党派的又は個人的偏見の伝播のための方便として利用されてはならない。 ・第14条（教員） ③教員は特定の政党又は派閥を支持したり，反対するために学生を指導・煽動したりしてはならない。	・第14条（政治教育） 第1項 良識ある公民として必要な政治的教養は，教育上尊重されなければならない。 第2項 法律に定める学校は特定の政党を支持し，又はこれに反対するための政治教育その他政治的活動をしてはならない。

出所：大韓民国教育基本法 http://www.law.go.kr/main.html（2016年6月30日確認），
　　　日本教育基本法 http://law.e-gov.go.jp/htmldata/H18/H18HO120.html（2016年8月17日確認）

判意識，政治過程への参与を支援する教育」と定義する韓国の学者もいる[6]。

　それでは，政治と教育の関係は韓国ではどのように法律で定められているのであろうか。韓国では19歳で選挙権をもつようになる。日本と比較して，韓国の教育基本法の関連内容は表13.1のとおりである。韓国の教育において政治的・党派的な宣伝をすることは禁止されているだけでなく，教員に対しても児童・生徒に特定の政党を支持／反対させたりしてはいけないとされる。日本では教員の項目にとくに政治に関する言及はない。また，日本では政治的教養は教育上尊重されるという文言があるが韓国にはない。次節では，具体的に韓国の学校教育における民主市民教育の現状を検討する。

第3節　社会科における民主市民教育

　韓国の教育課程では，1981年の第4次教育課程までは国民という用語が使われていたが，1987年の第5次教育課程からは市民という表現に変化した。キムミョンジョンは，国民には国家の構成員であり統治の対象という受動的な意味が内包される反面，市民には国家と対等な社会的契約関係を結ぶ自律的な意思決定能力をもつ能動的な主体という意味があると述べる[7]。

　民主市民教育が本格的に開始された1990年代以後，韓国の学校教育においては主に社会科の政治分野や道徳科でその内容が実践されてきた。とくに社会科では，政治教育としての選挙学習，地方自治での住民参与の話が主に学ばれ

ている。地域や学校の問題を解決するため，児童・生徒の参与は日本同様に推奨されている。ただ，その対象は学校や身近な地域に限定されている。そのなかでも，天才出版社中学社会教科書の「政治過程と市民参与」単元では，青少年の政治過程への参加の叙述に続き，地方と国政をつなげる以下のコラムを掲載する。

《ニュース　2011 年 11 月 13 日》
学校と地域社会など周囲で見られる問題を解決するため，全国の青少年が直接問題を診断して公共政策と連結させ代案を提示する席が準備された。
　　教育科学技術部の長官賞（最優秀賞）を受賞した慶北テヨン高校「ソナム」チームは，首都圏と地方間の青少年文化の格差に関心を持った。彼らは中小都市には青少年が文化生活を送ることができる施設がカラオケとネットカフェしかなく，文化的恩恵が首都圏に集中している現状を批判した。さらにソナムチームは青少年文化施設に憂慮を示し，文化的な疎外と異質感をなくさなければとした。ソナムチームは，近隣の中・高学生400 名を対象に設問調査を行い，英国・米国・フランスなどの外国事例を見たのち，都市間の「文化バス」を運営して多様な文化・芸術を体験できるようにしなければならないと提案した。加えて政府と地方自治団体が地域社会の文化インフラ構築と文化産業の正しい発展のために努力しなければならないと要求した。

Q　上の記事内容を参考にして，政策提案書を作成してみましょう。	
地域社会で解決が必要な問題	問題解決のための政策提案

出所：リュジェヨン他（2013）『中学校社会①』天才教科書，p.231

　上記の内容は，地方と都市間にある文化格差を解消するために，質問紙調査や外国事例の研究，都市と地方間に「文化バス」を走らせるという提案をすることで，問題解決のための政策提案を地域社会と政府に行うものである。地方の問題と国政をつなげた具体的事例として注目されよう。しかし，このような生徒の思考をうながす教科書叙述もあるものの，「既存の道徳や社会科を中心に統合して指導してきたいくつかの領域において民主市民教育が失敗してきた理由は，考えることや反省，省察のない強要であった」と批判されてきた[8]。そして，「学校での民主市民教育は，特別な正答がない教育である。他人の話をよく聞き，自分の話をしながら，自らの考えを探していく脈絡が生きる教育」とされ，自分の考えをもつこととその過程が強調されるようになる。同時に，

民主市民教育を行うために学校での民主主義の確立が必要とされた。ここに新しく，民主市民教育を教科だけでなく学校の教育課程全体で行う方向へと向かっていくのである。

第4節　学校教育における民主市民教育

(1) 民主市民教育テキストの誕生

　最初に民主市民に特化したテキストが自治体でつくられ使用されたのは，2011年ソウル市教育庁の『生活の中の民主市民』からであり，2014年には京畿道教育庁が『ともに生きる民主市民』(以下，『民主市民』)テキストを作成した。京義道は首都であるソウル市を取り囲むかたちに位置しており，済州島を含めた9ある道のなかでも最大規模である。『民主市民』は，京畿道教育庁が京畿道教育監(日本でいう教育長。韓国では選挙で選ばれる)の認定図書として制作した初等学校～高等学校用の市民教育教科書である。2013年には京畿道教育庁に民主市民教育課が新設され，民主市民教育と並行して革新学校運動という学校および授業の民主主義を推進する事業を行っている。『民主市民』の執筆陣も全員小・中・高の現職の教師である。

　『民主市民』での民主市民教育の目標および追求する人間像は，以下の7つである[9]。①共感と連帯，包容と配慮の感性をもつ市民，②平和，人権，民主主義に対する教養がある市民，③市民としての権利と責任を認識している市民，④公的価値を探すことのできる批判的思考力をもつ市民，⑤政治・経済・社会・法分野に対する教養(政治的文脈を読む力)のある市民，⑥世界に肯定的な影響を与えることのできる責任感ある参与的な市民，⑦ほかの生命体と環境に対して責任をもつ市民である(下線は筆者)。下線の単語から平和，人権，民主主義といった人類の普遍的価値に加えて，共感と連帯，環境，権利と責任，批判的思考，参与などの内容や方法にも踏み込んでいることがわかる。これらから，『民主市民』では8領域となる民主主義・選挙・平和・人権・多様性・労働・メデイア・連帯が主題として選択される。

　また，民主市民教育で育成する能力として，次の8つがあげられている[10]。

第13章　韓国の学校教育における市民教育　*131*

①社会問題や政治的な衝突と関連した問題について，根源的な価値と葛藤の核心を理解し，その問題を評価する能力があるか，②社会問題に関して適切な情報を選択し，解決策とその情報を論理的に関連させる能力があるか，③多様な情報の出典の信頼度を判断する能力があるか，④価値問題を含め，可能なかぎり広範囲な文脈で社会問題を理解する能力があるのか，⑤問題解決のための解決策を扱ったり，そのシナリオを作成したりする能力があるのか，⑥望ましい価値間で葛藤が存在する場合，葛藤を平和的に解決する能力があるか，⑦社会問題に対して自分とは異なる観点をもっている人を理解する能力があるか，⑧自分の所属した組織の中と外より正しい決定を見守るような影響力をもつ能力があるか（下線は筆者）。以上，能力内容を示した上記①〜⑧の下線をみると，児童・生徒は先ほどの8領域の知識を学ぶだけでなく，問題を解決する平和的過程や手続き，価値の選択，異文化理解など総合的な観点から行動選択を行うことが求められていることがわかる。

(2) 民主主義と市民，選挙の内容分析

　8領域のなかで，とくに市民教育の根幹をなすのは市民と民主主義，選挙の3領域である。具体的な内容一覧を表13.2に示す。

　まず，市民については小学校ではなく中学校において，市民の意味を知り他人に話すなどの青少年ができる社会参与を学ぶ。積極的に関与する雰囲気を醸成するという意味で，中学校において社会参加の肯定的な側面を学ぶ意味は大きい。高等学校では人権教育とともに市民教育を学ぶ。ここでは，人権保障，市民の基本権，人権と法の関係，そして，徴兵制のある国ならではの良心の自由と国防の義務という権利同士の対立の解決策を学ぶ。

　民主主義については，初等学校〜高等学校の全学年段階で学ぶ。初等学校3・4学年では生活での対立解決方法を学び，5・6学年では民主的な決定方法を理解する。中学校では民主主義の意味やその発展方法，韓国を民主共和国ととらえ，そこでの市民の姿を考えさせる。高等学校では社会の民主主義を考えるとともに，政治参与の多様な方法，市民の社会参与の拡大方法について学ぶ。加えて，市民団体について知り，民主主義と多数決の方法についても考える。

表13.2　市民・民主主義・選挙に関する小・中・高の内容構成

主題 領域	小学校 3〜4	小学校 5〜6	中学校	高等学校
市民			・市民の意味を知り，市民としての青少年に対して話をする ・社会参与の肯定的な面を調べ，青少年ができる社会参与の案を詳しく見る。	〔人権と市民〕 ・人権が青少年にとってどのような意味があるのかを理解し，青少年の特徴と人権保障の関係を把握する。 ・いかなる方法で市民の基本権を保障できるかを知り，国家や共同体が市民の基本権を制限できる範囲を説明する。 ・人権と法の相互関係を把握し，人権の伸長と関連して望ましい市民が何かを説明する。 ・良心の自由について知り，良心の自由と国防の義務が衝突する時の解決策を説明する。
民主主義	対立の多様な類型と解決方法を理解し，生活の中で適用する。	民主的な決定方法の必要性を理解し，生活の中で実践する。	・民主主義の意味を知り，発展させるための案に何があるかを考える。 ・民主共和国に含まれた意味を知り，ともに生きる市民の姿勢を考える。	〔民主主義と参与〕 ・私たち社会の民主主義の方法を知り，発展方向を説明する。 ・政治参与の多様な方法を知り，市民の参与を拡大することができる方法を説明する。 ・市民団体に関して説明をし，市民団体の望ましい運営方法について説明する。 ・民主主義と多数決の関係を知り，望ましい意思決定方式を説明する。
選挙	学級の投票と選挙の重要性を知り，他人の前で自分の考えを言う	選挙での1票の意味を知り，全校の児童が選挙運動に積極的に参与する。	・誰が代表にならなければならないか，選挙を通じて代表を選ぶ理由は何かを考える。 ・市民が選挙に参加しなければならない理由を知り，選挙権を保障し選挙の公正性を守ることができる方法を探す。	

出所：ジャンウンジュ研究責任（2014）『なぜそしてどのような民主市民教育なのか？―韓国型学校民主市民教育の理論的基礎に対する研究―』京畿道教育研究院，pp.109-112

　選挙は高等学校での学習はないものの，初等学校3・4学年では学級での投票活動を通して，選挙の重要性と他人の前での自分主張がめざされる。5・6学年になると全校での選挙活動に積極的に参与し，中学になると，選挙を通じて代表を選ぶ意味，選挙参与から選挙権および選挙の公正性について学ぶ。

(3) 政治参与・社会参与

　このなかで，高等学校での民主主義の内容では政治参与，社会参与についてとくに言及している。『民主市民』での大単元の構造と指導計画は表13.3のと

表13.3 「民主主義と参与」大単元の構造と指導計画

	小単元（時間）	主要学習内容	学習活動
1	民主主義の課題 （2時間）	・民主主義の運営原理 ・民主主義とリーダーシップ	・私たち社会の民主主義の現在の姿を把握する。 ・私たちの社会が行う民主主義の方法に対して省察する。
2	投票と参与 （2時間）	・義務投票制度 ・民主的正当性	・市民の参与を拡大することができる方法を探究する。 ・政治参与の方法を検討し，政治参与のできる多様な方法を考える。
3	市民参与と市民団体 （2時間）	・市民団体の役割 ・市民団体の独立性	・市民団体の性格と活動について知る。 ・日常的な参与単位としての市民団体をいかに運営しなければならないか考える。
4	民主社会の意思決定 （2時間）	・多数決の制度 ・民主的意思決定の方法	・民主主義と多数決の関係を知る。 ・望ましい意思決定方式は何かを考える。
5	腐敗と清廉な社会 （3時間）	・腐敗の認識 ・腐敗防止の制度	・私たちの社会の腐敗原因を多様な側面から把握する。 ・清廉な社会のために腐敗防止の方法を考える。

出所：ホジンマン他（2014）『ともに生きる民主市民』高等学校教師用指導書，京畿道教育庁，p.119

おりである。

　その内容をみると二つ目の「投票と参与」で市民参与と政治参与を学ぶ。具体的な評価基準をみると，市民参与や政治参与の中心は投票行動であることがわかるが，教師用指導書では投票以外の政治参与として，インターネットを通じた参与，個別的な接触（一人デモ），自律的な市民結社の組織などがあげられている[11]。これに対して生徒のテキストには，参与の代案，ソーシャルネットワークサービス（SNS）の内容が叙述され，SNSの長所や政治参与に与える影響力を問う構成となっている[12]。ただ，その後に続く生徒討論の主題は投票義務化の是非について問うており，この単元の目的は選挙行動であることには変わりがない。これ以外に，三つ目の「市民参与と市民団体」では日常的な参与としての市民団体を中心に構成され，市民団体を政治参与や社会参与において重要視しているのがわかる。

第5節　民主市民教育と教師，参与

　2000年代に入り，韓国では時代状況を反映した市民教育を行うことを模索した。それは市民や民主主義，選挙など「市民について学習する」教育であるとともに，他人の話を聞きながら自分の意見を主張するという「市民になる」ための教育でもあった。韓国においても日本同様，学校や教師が先導して児童・生徒を扇動，政治行動を起こすことは法律で禁止されている。また，学校での学習内容についても，両国の間でそう大きな差異があったわけでもない。

　それでは，本章冒頭の問いをどのように考えるべきなのか。筆者は，「児童・生徒が自ら考えた意見を主張し行動することを尊重する姿勢」がその答えだと考える。韓国で民主市民教育が盛んになったのは1987年の民主化宣言以降である。自らの東西分断を解消したドイツ市民教育を参考にしていることもあり，韓国の民主市民教育は政治色が強い。そのためか，学校教育では学校内や地方自治体を対象にした選挙中心の学習内容であっても，日本より韓国は政治への意思表示のハードルが低いように思える[13]。その際の核になるのが教師の役割ではないか。「教育民主化宣言」(1986)を出し，1989年に全国教職員労働組合を結成して教育の民主化を推進した世代が現在の韓国社会や教師集団の中心を占める[14]。韓国教育基本法で教師の児童・生徒に対する政治的活動を禁じる項目があるのはこうした文脈からであろう。2014年に京畿道が作成した『民主市民』では，問題解決の平和的な過程や手続き，価値の選択など総合的な観点から児童・生徒の態度形成を行うことを求めた。このような学習過程を経て児童・生徒が行動を起こした場合，それが政治デモであっても見守るという姿勢があるのである。実際，京畿道教育庁の担当者2名に話を聞いたが，生徒自らが考えたものであれば政治デモでも尊重する旨の意見であった[15]。

　このように，民主主義の獲得過程，児童・生徒の意思尊重といった側面より，韓国の児童・生徒は日本より政治への意思表明を行いやすい環境にある。

［國分　麻里］

■注

1) 朴永奎（2014）「韓国の『民主市民教育』について—登場するまでの経緯を中心に—」『九州教育学会研究紀要』

2) 尹敬勲・上原直人（2012）「韓国における民主市民教育の理論と実践—選挙管理委員会の役割—」『流通経済大学論集』47（3），p.202

3) ホジンマン（2014）「『ともに生きる民主市民』教科書の特徴—教科書が現場で定着するための方案」『「ともに生きる社会」教科書活用ワークショップ』p.6

4) ハンギョレ新聞2016年4月15日付，日本経済新聞2016年4月28日付

5) イボムウン（2015）「韓国における民主市民教育の発展方向の模索」『韓国初等道徳教育学会』第49集，p.36

6) シムイクソプ（2001）「市民参与と民主市民教育」『韓独社会科学論叢』第11号第2号，p.74

7) キムミョンジョン（2012）「社会科教育課程に現れた市民教育の目標と内容の変遷—高等学校一般社会領域を中心に—」『市民教育研究』44巻2号，p.22

8) 授業実践（年度不明）『先生と学生がともにつくり上げていく民主市民教科書活用の授業の話（初等用）』京畿道教育庁，p.10

9) ジャンウンジュ研究責任（2014）『なぜそしてどのような民主市民教育なのか？—韓国型学校民主市民教育の理論的基礎に対する研究—』京畿道教育研究院，p.107

10) 同上

11) 同上，p.126

12) ホジンマン他（2014）『ともに生きる民主市民』高等学校，京畿道教育庁，p.113

13) ただ，こうした韓国社会の政治文化については，民主化とともに近代での「植民地」の経験，大統領制などの要因が複合的に絡み合っていると推測される。

14) 韓国民主化運動における政府と教師の対立については，以下の2部15節を参照のこと。金漢宗著，國分麻里・金玹辰訳（2015）『韓国の歴史教育—皇国臣民教育から歴史教科書問題まで』明石書店

15) 京畿道教育庁での聞き取り（2016年7月18日）

第14章　権利意識と思いやる力を育てる
―いじめに対する法教育からのアプローチ―

第1節　法教育からのアプローチ

　毎年5月3日の憲法記念日になると，以前担任したある児童の日記が思い出される。「日本国憲法には個人の尊重や平等について書かれているのに，どうしていじめがあり，辛い思いをする子がいるのだろう」。

　いじめに関する悲惨な事件は，残念ながらあとを絶たない。私たちは，いじめに対して，日頃から子どもたちに話をしたり，子どもたちの様子を見て対応したりしている。いじめが起こらないように，また起きた際は迅速に解決できるよう努めている。いじめ根絶をめざしつつも，なかなかいじめを完全になくすことができない。だからこそ，日々，目の前の子どもたちと向き合い，いじめ問題に真剣に対処していくことはもちろん，「いじめから自分を守る力」や，「いじめをしない，させない力」を育てていくことが大切である。これは，自分と他者の権利をしっかりと守る意識と，そのために必要な思いやる力を育てていくことでもある。

　「いじめはいけない」ということは，誰もがわかっている。しかし，勇気を出して被害を訴えたり，いじめられている人を助けたり，いじめをやめさせたりすることができないのもまた現実である。被害者にいじめから抜け出す力を与え，加害者にいじめをやめさせ，傍観者に行動する勇気を与えるような力を育てるために，いじめを法的にとらえ解決策を考える法教育からのアプローチが有効であると考えた。

　本章では，18歳までに育てたい力の一つとして，権利意識と思いやる力をあげ，法教育からどのようなアプローチが可能かについて，実践事例を交えて論じてみたい。

第2節 いじめに関する子どもたちの実態

(1) いじめに関する調査結果から

2014年度の文部科学省の調査[1]によれば，全国の国公私立の小・中・高等学校および特別支援学校におけるいじめの認知件数は18万8057件であり，児童・生徒1000人あたりの認知件数は13.7件とされている。

東京都教職員研修センターが2013年1〜2月に都内の小・中・高等学校および特別支援学校の児童・生徒9360人を対象に行った調査[2]によれば，「いじめられた経験」があると回答した児童・生徒が6195人おり，どの校種でも60%を超えている。

東京都教職員研修センターの調査からは，次のようなことも明らかになっている。

・「いじめられたときに，どう思いましたか」について，「我慢しようと思った」という回答が34.6%で最も多く，「学校に行きたくないと思った」(28.1%)，「いつかやり返そうと思った」(22.0%)と続く（いじめられた経験のある児童・生徒6195人の7つの選択肢の中から複数回答）。
・「いじめを見たり，聞いたりした時，どうしましたか」について，小学校・特別支援学校の約40%の児童・生徒，中学校・高等学校の60%以上の生徒が「何もしなかった」と回答している。
・上記の設問で「何もしなかった」と回答した児童・生徒に対する「いじめを見ている子どもは，なぜ，見ているだけで何もしないのだと思いますか」の設問（9つの選択肢の中から複数回答）では，「関わりをもちたくない」(85.4%)，「自分がいじめられたくない」(80.8%)，「自分ではどうすることもできない」(75.4%)，「いじめているグループが怖い」(71.9%)との回答が多くの割合を占めている。

いじめを受けた際に我慢を余儀なくされている子どもや，いじめを見たり聞いたりしても何もできない子どもの意識を変えていくことが大切なことだと考える。

(2) いじめに対する指導

日々，小学生と向き合い，いじめについて感じることは，「いじめはいつ，

138 第3部 変貌する社会と市民性

どこでも常に起こりうる」ということと、「いじめがなぜいけないかを考えさせる指導が必要である」ということである。

　「何となく自分のことを避けている気がする」「こっちを見てひそひそと何かを話している」「にらまれる」「無視される」。これらはいずれもいじめについて相談に来た子どもたちが話していたことである。「教科書やノートに落書きされる」「靴や持ち物を隠されたり、壊されたりする」など、持ち物に被害を受ける場合や、「通りすがりにぶつかってくる」「蹴られる」など暴力を振るわれる場合もある。このようないじめが起きた際には、学年や専科の教員、生活指導主任や管理職、スクールカウンセラー、保護者とも連携し、チームで対応するようにしている。担任一人では見えないことがあり判断を誤る可能性があることを自覚するとともに、一人でかかえ込み、問題の解決を先送りしてしまうことがないようにするためでもある。

　いじめた子に事実を確認し、なぜそうなってしまったのか話を聞くと、「自慢話をされたのが嫌だった」「相手に前にされたことが嫌だったからやり返した」などの原因がわかってくる。いじめられた子、いじめた子の間に入り、原因を確かめ、いじめをやめ、二人が今後よい関係を築いていけるようにどうすればよいかを考えさせていくとともに、再びいじめが起こることのないよう注意して様子を見守っていく。こうした指導でいじめが終わることもあれば、そう簡単に解決できないこともある。心のわだかまりが解消されず、いじめが大人の目につかない水面下にもぐってしまい、より解決が困難になってしまうこともある。

　水面下でのいじめも起きないようにするためには、子どもたちの心のなかにいじめをしない、させない気持ちをしっかりと育てていくしかない。そのためには、「いじめはいけない」ということを伝えるだけでなく、「なぜいじめはいけないのか」を一人ひとりが考える機会を意図的に設け、自分と他者の権利を守る意識と相手を思いやる力を育てていくことが大切である。

第14章　権利意識と思いやる力を育てる　*139*

第3節　いじめに関する法教育の実践

(1) 弁護士によるいじめ予防授業

　いじめ問題を法教育の視点から考えるための授業として，いじめ予防授業を実施している弁護士会の一つである第二東京弁護士会に依頼し，小学校5年生を対象に「いじめについて考える」2時間の授業を行った。当日は3名の弁護士[3]を講師として派遣していただいた。授業の概要は次のとおりである（講師作成の指導案をもとに筆者が実際の授業展開に即して作成）。

〈ねらい〉

　・いじめられる側も悪いとの考えを正す。

　・いじめ自殺等の実際の例を紹介して，いじめが絶対に許されないことを示す。

　・いじめの当事者は加害者，被害者だけではなく，周囲も当事者であることを示し，周囲の者に何ができるかを考えさせる。

〈第1時の展開〉

	学習活動（学年全体で講師の話を聞く活動が中心）
導入	・「いじめられる側も悪い」との考えについて，自分は「賛成」「反対」「場合によっては賛成」のいずれの考えに近いか挙手する。 →いじめられる人が悪いという考え方が，「悪いことをした人はいじめられても仕方がない」に結びつけられてはならないことを示す。
展開	・なぜ「絶対に」いじめは許されないのかについて考える。 　①いじめ自殺など，いじめの実例をあげ，いじめは死にもつながりかねないおそろしい行為であることを示す。 　〈コップの水の例え話〉 　　各人の心のなかにコップがあり，嫌がらせなどで水が溜まっていく。嫌なことが続くと最終的には溢れてしまう。満タンになっている場合には，一滴の水（悪口など）で溢れてしまう。 　②コップの水の例え話から，いじめ自殺は遠い世界の話とは限らないことを示す。 ・いじめをすることで加害者の心に傷がつくこと，将来後悔しても遅いことについて考える。 ・いじめの当事者には，加害者と被害者だけでなく，観衆，傍観者も含むことから，傍観者の重要性や傍観者にできることを考える。
まとめ	・いじめられている子ども，いじめている子ども，傍観者に対しての講師からのメッセージを聞く。

140　第3部　変貌する社会と市民性

〈第2時の展開〉

	学習活動（3学級に分かれ，グループ討論する活動が中心）
導入	・（コップの水の例え話を復習し）それぞれ，どのような場合に，心の水が溜まっていくかをグループで考える。 ・相手の心のコップの水の量を量るにはどうしたらよいか考える。 →コップの水の量を量る有効な方法がないことを確認する。
展開	・傍観者として何ができるかについて，「チクった」と言われる，逆恨みされるなどの危険をふまえ，理想論ではなく，現実に何ができるかをグループで考え，発表する。
まとめ	・話し合いや発表について，講師の講評を聞き，学習のまとめをする。 →グループの話し合いの様子，発表された内容を取り上げて講評する。匿名を条件に先生に伝える方法であれば，逆恨みされないこと，見て見ぬふりは，いじめにはならないが，傍観者はいじめを止めたりなくしたりするために重要な役割を担っていることを説明する。

授業後の感想には次のようなものがあった（感想文から一部抜粋）。

・今まで「いじめはいけない」としか知らなくて，その理由がわかっていませんでしたがよくわかりました。いじめを無くすためには，そのいじめの現場を見ている人が，いじめられている人に協力してあげなくてはならないこともわかりました。

・弁護士さんのお話の中でいちばん心に残ったのは，いじめを見ているのに助けないのはいけないというところです。

・いじめは，いじめられた人の幸せに生きる権利と時には命をもとってしまう恐ろしいことだとわかりました。

・いじめの怖さが改めてわかりました。いじめられている子がいたら，先生に知らせるなど自分ができることからやっていきたいです。

このように，いじめの怖さを改めて実感し，自分にできることをしていきたいという感想が多かった。「傍観者の立場」のむずかしさについて書いた子どもたちもいる。

・自分が傍観者の立場だったらとてもむずかしい決意になると思います。だから，そういうことが起きないように何か工夫がないかと思いました。

・もし自分が傍観者だったら何もできずに見ているだけだなと思いました。今度は自分がいじめられるのが怖いからです。でもいじめの止め方を考えたことで，いじめを止める怖さがなくなり止める方法が見つかりまし

た。

　・いじめを止める怖さをなくしてくれてありがとうございました。

　傍観者がどう行動するかが非常に大切であるという話を聞き，悩みながらも自分にできることをしていきたいという気持ちをもった様子がわかる。

　実際にいじめを受けたことがある子どもたちは，弁護士の紹介した事例と辛い自分の経験とを重ねて，「被害者の気持ちがよくわかる」と書いている子が多くいた。いじめを受けた経験のある子どものなかに，次のような感想を書いた子がいる。

　・「この授業がある」と聞いてとても嬉しくなりました。

　弁護士という法律の専門家が学校に入り，いじめ予防の授業を行うことは，いじめを放置した結果，最悪の事態を招くことがあるということを子どもたちも教師も再認識し，今できることをしていくことが大切であることを改めて考える機会となった。また，実際にいじめの被害にあっている子どもたちにとって，現状を打開するための一つの希望となりうることが分かった。

(2) 小学校社会科における実践—第6学年社会科「わたしたちの暮らしと日本国憲法」

　6時間かけて行った日本国憲法の学習の発展的な位置づけとして，第7時にいじめを取り上げた[4]。いじめは人権侵害であり，第6時までに学習した日本国憲法の基本的な考え方にも反する行為であることを児童自身が気づけるようにするためである。いじめ防止対策推進法第4条には，「児童等は，いじめを行ってはならない」と明示されていることを取り上げ，いじめをなくすためにどうすればよいか国会で議論がなされ，この法律がつくられたことも紹介する。

　日本国憲法の基本的な考え方について学んだことを活かして，いじめを防止したり解決したりできる力を育てていくことをめざす実践である。

〈第7時の展開〉

○学習活動・予想される児童の反応	□資料　◇評価　【観点】　〈方法〉 ※留意点
○日本国憲法についての学習を振り返り，国民の権利について復習する。 ・さまざまな国民の権利が，基本的人権として保障されている。 ○DVDを見て，いじめと感じた行動をワークシートに書き，発表する。 ・嫌なことをされる　・嫌なあだ名で呼ばれる ○DVDに出てきたもののほかに，いじめと感じる行動を発表する。 ・暴力をふるわれる　・無視される　・避けられる ・ネットに嫌なことを書き込まれる　・お金を取られる　など ○基本的人権が尊重されるはずなのに，実際はいじめが起きていることをふまえ，いじめをなくすための法律を個人で考え，考えたことを4人グループで話し合い，一つを画用紙に書いて発表する。 　いじめをしない，させないための法律を考えよう。 ・第○条　人の悪口を言わないようにするため，人のよいところを見つけて伝えるようにする。 ・第○条　いじめを注意できるようにするため，正しいことを言っている人を応援するようにする。 ・第○条　みんなが安心して学校生活を送れるようにするため，問題の解決手段として暴力を使うことは永久にこれを放棄する。 　第4条　児童等は，いじめを行ってはならない。 ○平成25年にいじめ防止対策推進法がつくられたこと，法律がつくられた背景について話を聞き，日本国憲法や法律と自分の生活とのつながりについて，考えたことを書く。 ・いじめがなくなるように，法律がつくられていることがわかった。大人も本気でいじめがなくなるように考えている。自分たちもいじめをしない，させない強い気持ちをもって生きていきたい。 ・いじめはいけないとはわかっていたけれど，いじめ防止の法律があり，いじめの禁止が書かれていることを初めて知った。自分もいじめは絶対にせず，いじめのないクラスをつくっていきたい。 ・憲法や法律は，いじめられている子を守るものだと思った。	□日本国憲法が定める国民の権利を示すイラスト ※日本国憲法の理念を実現するために法律がつくられるという構造を刑法，民法を例に説明する。 □DVD「STOP！いじめ　あなたは大丈夫？」（東京都教育委員会）（3分） ※発展的に考えられる児童には，憲法の条文と結びつけて考えられるよう助言する。 ※条文が書けない児童には，「〜するため，〜する。」という例を示して思考を促す。 ※発表された条文と，日本国憲法の基本的な考え方との結びつきについて，考えたことが話せるように促す。 □いじめ防止対策推進法（平成25年6月） ※法律が公布された背景，いじめの定義を説明する。 ◇いじめは人権侵害であり，決して行ってはならないことを理解し，日本国憲法や法律と自分の生活とのつながりについて考えたことを書いている。【知】【思】 〈ワークシート〉

(3) 子どもたちが話し合ってつくった法律と授業後の感想

　子どもたちがグループで話し合ってつくった「いじめをしない，させないための法律」は多岐にわたったが，大別するといじめが起こらないようにするた

めの事前の対策について考えたものと，いじめが起こったときに加害者にどの
ような制裁を加えるかを考えたものの二つがあった。

・いじめをなくすために，相手の悪いところだけでなく，良いところを探
　していく。
・人々が気持ちよく生きられるようにするために，いじめを禁止し，もし
　いじめをした場合には罰を与える。
・いじめをされた側は訴える権利があり，その証拠があればたとえその人
　物が小学生でもつかまる。
・どこの小学校でも３回いじめをした人は退学させる。

授業後の感想には次のようなものがあった。

・死ぬまで保障されている人権の尊重を一人ひとりが大事に思うことが大
　切だと思いました。私のすぐ近くの小学校でもいじめがたくさんあるか
　も知れないと思うと，このいじめの法律をみんなに知ってほしいと思い
　ました。
・日本国憲法と私たちの生活がかかわり合っているということがわかりま
　した。私は，日本国憲法はすごく遠い存在のように感じていたけれど，
　私たちの生活とかかわっていることがわかり，日本国憲法についてよく
　知り，私たちの生活に役立てていくべきなのではないかと考えました。
・法律をみんなで考えてみて，いろんな案が出ました。そのすべてを実行
　するのは無理でも，少しずつでも実行したい。前に，変な呼び名で呼ば
　れている人を見たのでスルーしないで声をかければよかった。自分がは
　ぶられる，いじめられると思ってみんなと一緒に笑ったり，陰口を言っ
　たりするのはどうかと思う。しっかり自分の意思をもって行動したい。

　これらの感想からは，日本国憲法と自分たちの生活との結びつきについて改
めて感じていることや，いじめに対してこれから自分がどのように行動してい
くかを真剣に考えている様子がうかがえる。憲法は，国家の権力を制限して人々
の権利を守るものであるという立憲主義の考え方を押さえ，児童が「日本国憲
法は国民一人ひとりが守らなければならないきまり」と誤解しないように配慮

144　第３部　変貌する社会と市民性

しつつ，日本国憲法の理想を実現していくために自分たちは何ができるのかを考えさせていくことは，大切なことである。

いじめは，法律による禁止や制裁を振りかざすだけで解決するような問題ではないが，いじめを軽く考えていたり，いじめを見ても何もできなかったりしてしまう子どもがいることを考えると，いじめにあたる行為の大半が刑法の規定にふれる犯罪行為であることを教えていく刑法的なアプローチも発達段階に応じて必要となろう[5]。

第4節　子どもたちに育てたい力

「日本国憲法には個人の尊重や平等について書かれているのに，どうしていじめがあり，辛い思いをする子がいるのだろう」という子どもの思いにどう答えたらよいか考えつづけてきた。法は本来，人々がみな幸せに生きるためにつくられ，生かされるべきものである。そのためには，当事者である国民一人ひとりが法の考え方を知り，必要に応じて法を活用することのできる力をつけていくことが求められよう。

子どもたちは18歳で有権者となり，法をつくる国会議員を選ぶことができるようになる。それまでに，社会で起こるさまざまな問題に対して問題意識をもち，解決を模索していける力，そのおおもととなる自分と他者の権利を守る意識と，相手を思いやる力をしっかりと育てていきたい。　　　　　［窪　直樹］

■注
1) 2014年度「児童生徒の問題行動等生徒指導上の諸問題に関する調査」における「『いじめ』に関する調査について」による。
2) 東京都教職員研修センター「いじめ問題に関する研究」『平成25年度東京都教職員研修センター紀要第13号』
3) 本実践は2016年7月に実施した。講師は，第二東京弁護士会所属の松岡正高弁護士，武山茂樹弁護士，嶋村直登弁護士にお願いした。
4) 本実践は2015年3月に実施した。
5) いじめを刑法的な視点で考える際の参考として，たとえば「いじめを軽くみるな！—刑法的思考の第一歩」中央大学法学部編『高校生からの法学入門』（中央大学出版部，2016年）がある。

第15章 批判的思考力を身につける社会科授業づくりの視点

第1節　社会科教育が担う主権者教育の領域を考える

　中学校教員になって6年目となった。初めて授業を担当した生徒たち（2013年3月卒業）は，2016年には18・19歳になった。彼らが卒業するまでの2年間のなかで，選挙の低投票率の改善方法や，選挙権年齢の引き下げの是非を問う討論，日本の選挙制度の特色と課題点を探求するなどの授業を展開してきた。こうした彼らも，結果的に全員が18歳を迎え有権者となったのである。

　当時から筆者は，彼らが中学校卒業の段階で，選挙で投票できるだけの資質を身につけさせたいという思いが強かった。なぜなら，近い将来，選挙権年齢が18歳に引き下げられた場合，彼らが中学校を卒業して高等学校に進学した場合であっても，初めての投票の時点で，高等学校においては「現代社会」や「政治・経済」で選挙について学習していない可能性があることを危惧していたからである。もちろん，選挙制度については，高校教科書でしか扱われていない内容もあるが，中学校社会科が担う主権者育成の領域，そして役割を常に考えてきたのである。

　そして，何よりも「社会科が好きではない，興味をもてない」という生徒たちに少しでも関心をもってもらいたいと考えていた。しかし，授業を行ったことによって，実際の投票行動に結びつくのかについて，常に不安を抱いていた。

　生徒のなかには，学級活動や社会科授業のなかで自分の意見をもっていても発言できない生徒や，考えをもつこと自体が困難な生徒もいる。こうした生徒であっても，投票の機会が与えられれば，意思決定の機会は保障されると安易に考えるのはまちがいであろう。このような生徒が積極的に意見を言い，将来の投票行動につながるような学級経営，授業づくりが必要であると感じている。

　そこで，本章では，学校現場の教員として，学校教育における主権者育成の

146　第3部　変貌する社会と市民性

現状を整理し，社会科教育が担う主権者教育の領域を明らかにし，筆者が取り組んできた，中学校での主権者教育に関する授業実践を紹介したい。

第2節　中学校社会科教育における主権者教育の領域とは

(1) 学校教育における主権者育成

　筆者は勤務校着任以来，生徒会本部の担当を務め，日々，学校をよりよくするための活動や，行事，式典の指導をしている。役員選出選挙は，生徒たちが投票行動を体験的に学ぶ機会であり，その趣旨は生徒にも十分な時間をかけて説明している。年に一度の生徒会総会は，生徒の自治で行われる最高意思決定機関であるという位置づけがなされており，長い準備期間が設けられている。

　かつて，生徒会役員選挙において，立候補者が1人となり信任投票になったが，不信任が過半数を占めてしまい，選挙管理委員会担当の教員との協議により，後日やり直し選挙を行ったことがあった。その際，ほかにも候補者を募ったが，結局同じ生徒が立候補した。再投票では，立候補者への指導とともに，投票者である生徒たちへも信任に向かうように指導を行った。その結果，立候補者は再選挙で信任された。生徒たちのなかには，はっきりと自分の意思で行動をした者もいたのだが，なかには立候補者のことをよくは知らないのに，周囲の声に流されて不信任票を投じた者もいたようである。自分の考えが入っていない一票も，考え抜いた一票も同等に扱われる選挙には，制度上の問題はないのか，信任投票ではなく無投票ではいけなかったのか，など考えさせられることの多い出来事であった。役員選出を優先しなければならない学校の事情もあったが，この件を通し，生徒たちに選挙のあり方を考えさせることや，選挙そのものの仕組みを批判的にとらえさせる契機にできはしなかったかと悔やまれる出来事であった。

　また，勤務校では生徒会総会のなかに「話合い」という議案を設け，生徒から事前に募集した意見・提案を体育館で，生徒全員で話し合う取り組みを行っている。総会の場で取り上げる意見は，事前に担当教員で調整する。なかには，「学校設備の補修を行って欲しい」といった行政に委ねるべきものや，「学校行

事を増やしてほしい」など，教育課程に踏み込んだものも交じっているが，これらは扱わないこととした。最終的に，「自習室をつくってほしい」という意見を取り上げた。この意見についても，事前に管理職と相談し，生徒が賛成多数であった場合，どのように自習室運営するかなどを考えたうえで取り上げていたのである。

　このような過程を経て，迎えた総会当日，生徒たちは，自習室をつくった場合の活用法にとどまらず，つくったことによる弊害や課題なども含めて活発に議論した。そして総会の最後に，自習室は職員会議の協議事項とすることが承認され，議論を終えた。

　しかし，自習室についての議論が始まると，運営・監督などの課題が山積し，年度内に実現することができなかったのである。生徒からも，運営・管理を引き受けたいという意思表示はなく，生徒のなかに，「総会のなかで意見を言っても変わらなかった」という声が出てもおかしくない状況であった。中学校生活のなかで，自分の意思表示が学校を動かした，という実感を与えられなければ，生徒たち一人ひとりの将来の投票行動に結びつかないであろうという反省を残している。

(2) 中学校社会科教育が担う主権者育成

　前項は，筆者の中学校の現場での経験に基づくものではあるが，学校教育における主権者育成には，おおよそ以下のような課題があるといえよう。

①民主主義，とくに投票行動のあり方を批判的に学ぶ機会が少ない点。
②生徒に将来の投票行動につながるような指導が徹底されていない点。

　生徒会役員選挙は，投票への意識づけとして，たしかに機能している。しかし，学校で行われる投票には，投票する，しないの選択はなく，ほぼ100％の投票率となり，投票率が低いことによって起こる問題点を考える機会にはならない。また，学校教育の枠内で行われる投票には，自分の意思表示によって，どのような変化をもたらしたかを実感することはできない。その結果，自分の投票によって，どのような国家・社会，あるいは地域社会となるかを考えるこ

とにもつながらない。

また，教師は生徒たちに対して，学級会や特別活動などにおいても，十分な議論をしたうえで，最終的に多数決を行うように指導する。このため，投票結果によって，生徒に不利益をもたらすことはほとんどなく，選挙が民主的な決定方法であることを疑う余地もない。現実社会においては，選挙結果が有権者に不利益をもたらすこともあるが，学校教育でそれを経験することはきわめて少ないのである。

そこで，社会科教育においては，「民主主義を問い直す」視点からの授業づくりが必要であると考えた。とくに，選挙による投票が最も民主的な方法であるという認識を批判的にみる視点を，生徒に獲得させることが不可欠である。

本章では，以下，筆者がこれまでに社会科の授業において実践してきた事例を紹介し，社会科教育における主権者育成のあり方について考えていきたい。

第3節　実践事例　中学校社会科歴史的分野

(1) 近現代史における民主主義の取扱い

中学校社会科歴史的分野では，民主主義の成立過程の理解の学習に陥ってしまっているという指摘が以前からあった[1]。生徒たちの小学校までの経験をふまえても，現在の民主主義が絶対のものとして認識されている傾向にあるため，生徒たちに，自分たちの投票行動，あるいは投票を棄権することによって，「民主主義が崩壊することがある」ということを理解させるのは容易ではないと考えている。

そこで，中学3年生を対象に，歴史学習において，民主主義を問い直す視点から単元開発を行うことにした。筆者は，民主主義を理解させるうえで，最も重要な位置を占めているのが，第二次世界大戦前後のドイツ，日本であると考えている。現状では，「戦前の過ちとしての独裁と，それを是正する戦後民主主義」という認識は根強く，民主主義とファシズムが対局のものとして位置づけられていることは否めない。授業前に実施した調査では，ヒトラーは"悪"というレッテルが貼られ，暴力や買収などを伴った違法な手段を用いて政権を

取った，と認識している生徒が多いことがわかった。高校世界史の学習であれば，ヒトラー政権の成立過程は理解できるであろうが，中学校段階の教科書記述では，それが不十分なのである。このような生徒たちに，「選挙という民主的な手法を使って権力を奪取した」ナチス政権の仕組みを理解させ，そのうえで，現在の民主主義のあり方を批判的に検討する力を身につけさせたいと考えた。

(2) 単元「選挙という民主的手法から生まれた独裁者・軍国主義」(全5時間)

- ・第1時　世界恐慌とブロック経済
- ・第2時　不況とファシズム―ナチスの台頭
- ・第3時　ヒトラーの独裁―民主主義の崩壊
- ・第4時　日本の中国侵略―政党政治の終焉
- ・第5時　「なぜ選挙によって独裁者・軍国主義が生まれるのか？」…本時

■本時の展開　「民主的手法から生まれた独裁者・軍国主義」の授業構成

段階	学習内容・過程等	○生徒から引き出したい知識 ★民主主義の関連事項	・留意点 資料
問題の理解	○1920年代～30年代のドイツと日本の政治体制や社会の様子はどのようなものであったか？	○ドイツは，1919年に成立したワイマール共和国であり，「世界で最も民主的な憲法」を持つ国と言われていた。 ○日本は，大正デモクラシーを経て，政党内閣が成立していた。	・前時までの悪習内容を振り返る。
問題の背景の理解	Q：なぜ民主的手法から独裁者・軍国主義が生まれるのか？		
問題の背景の理解	【ドイツ】 ○1920年代，ドイツはどのような問題を抱えていたのか？ ○失業者対策は，どのようにすればよいか？ ○どのような仕事を作ることが考えられるか？ ○このように，失業者対策に成功した政党が選挙に出た場合，どのような結果になるか？	○第一次世界大戦の賠償金の支払いによって，国内の経済が著しく混乱し，失業者があふれている状態であった。 ○賠償金の支払いのために，各国から借金をしている状態であった。 ○政府によって公共事業を活発にすることによって，雇用を生み出すことが出来る。 ○公共事業（道路，ダム建設など）や軍需産業が考えられる。 ★当選する。ヒトラーのナチスは，このように国民の信頼を集め，民主的な方法で政権を握って至ったと考えられる。	資料 ・ドイツの失業者の推移 ・ニューディール政策の事例などを想起させ，公共事業を説明させるようにする。

150　第3部　変貌する社会と市民性

	【日本】 ○1930年代，日本はどのような問題を抱えていたのか？ ○世界恐慌によって，どのような問題が起きたのか？ ○政府に対する国民の動きは，どのようなものであったか？ ○五・一五事件で終焉したものは何か？ ○なぜ，二・二六事件が起きたと考えられるか？	○世界恐慌，昭和恐慌に対して，対策を探っている状態であった。 ○国民の生活が苦しくなり，労働争議や小作争議が激しくなった。 ○財閥と結びついて汚職や政争を繰り返す政党への不信感を高めていった。 ★憲政の常道と呼ばれる，政党政治体制である。 ○政治家の汚職などから国民の政治不信が起こり，世の中が軍部の動きを防ぐことが出来なかった。	資料 ・工業生産額の内訳 資料 ・五・一五事件，二・二六事件のときの呼びかけ
民主主義の本質の理解	◎民主主義の本質について考えてみよう。 ・ドイツ，日本の事例を学習した成果家から，民主主義社会の成立要件として，国家と国民がそれぞれどのような状態であることが必要と言えるのか？ ・どのような民主主義社会が理想的であると考えられるか？	★民主主義は，国民の自由な意思によって代表者を選んだり，意思決定をしたりするものであるが，国民が公正な判断力，正しい認識を持っていなければ，誤った意思決定を行ってしまい独裁者を生むことになってしまう。 ★また，国民が正しい判断できるようにするためには，国家が国政を安定させること，情報を公開するなどの社会体制を国家が整えなければならない。	

(3) 実践分析

　授業は，民主主義社会をめざした国家が，なぜ崩壊していくのかについて，ヒトラーの独裁，日本の軍国主義化の二つの事例を通して探求させた。また，民主主義を支える国家と国民との関係性について考察させた。評価問題として，定期テストで以下のような問題を出題し，その結果を表15.1にまとめた。

　　民主主義へと一歩踏み出したドイツは，ヒトラーのような独裁者によるファシズムによる国家となり，大正デモクラシーを経て民主的な政治を行っていた日本は，軍事独裁的な国家になっていった。
　<u>なぜ，民主主義をめざした国家が独裁者や軍事独裁的な状態を生み出すのか</u>。その理由について，どちらかまたは両方の事例を示して説明しなさい。
【採点基準】
①ドイツまたは日本の事例を，歴史的事実に即して説明できている。

②事例に基づいて，民主主義社会をめざした国家から，独裁者やファシズ
ム生み出す理由を説明できている。

表15.1 「なぜ民主的手法から独裁者・軍国主義が生まれるのか？」の学習成果

評価段階	評価規準	生徒の主な記述内容	人数（割合）
A	Bの思考に加え，個人の選択の自由としての投票行動が，民主主義の基盤にあり，国民の意識の成熟が見られなければ，民主社会が成立しないという本質に迫ることができている。	①ドイツを例にして考えると，みんなで決め，話し合いで物事の意思決定を行っていった。しかし，それではいつまでも物事が決まらないため，恐慌対策も進まない。すると国民は政府を信用できなくなるので，ヒトラーのように引っ張ってくれる人を支持してしまうから。 ②日本の政府は，世界恐慌の良い対策をすることが出来ていなかったため，政府への国民の不満，不信感が高まっていった。その結果，とにかく対策をして欲しいという気持ちから，誰がトップに立っても良いという考えにつながり，独裁者やファシズムを生み出してしまう。	20人（49%）
B	ドイツ・日本の事例を通して，背景にある民主主義の概念を構造的にとらえることができている。	③ヒトラーは，独裁をする前に誰もできなかった失業者対策をした。それにより，国民から信頼を得て大統領になってから独裁をした。つまり，「国民をだましておいてトップに立ったら独裁をする」ということをしたから。 ④植民地の少なかったドイツは，ブロック経済に反対していたヒトラーがナチス党をつくり，経済を立て直した。そのため，ヒトラーは国民の支持を得て，独裁者となってしまった。	12人（29%）
C	学習での理解が，ドイツ・日本の社会的事象の理解，説明の段階にとどまっている。	⑤ヒトラーは，失業者をなくすと言い，国民は喜び，ヒトラーに投票した。ヒトラーはみんなが民主的に決めたから，独裁者になれた。 ⑥民主的な国家なのに独裁者などが出てきてしまうのは，独裁したい人が国民を裏切り，「自分が一番になりたい」「自分が一番だ」と思ってしまうからだと思う。	3人（7%）
0	無回答		6人（15%）

注：実施人数41人

　評価の規準となるB段階は，「本時で学習したドイツ，日本の事例から，民
主主義を目ざした国家から独裁，軍国主義が生まれてくる過程を説明すること
ができること，そして背景にある民主主義の概念を理解することができている
こと」を設定した。

C段階は,「民主主義をめざした国家から独裁者が生まれる過程への説明にいたっていないもの,または事象の説明にとどまり,背景にある民主主義の理解が不十分になっているため,手立てを講じる必要があるもの」と設定した。

A段階は,「B段階の思考に加え,民主政治の崩壊の背景となる国家・社会と国民との関係性にまで理解が至っているもの」とした。また,「歴史的事象を通して,民主政治が成立する要件にまで思考が至っているもの」とした。表15.1の①の生徒は,投票行動が民主主義の基盤であることを理解したうえで,正しい判断をしなければ社会が成り立たないという点に思考が深まっている。②の生徒は,社会的事象を通して民主主義が成立する要件として,国家体制・国民の判断をあげているため,これらを本時のねらいに迫るA段階であると判断した。

本単元によって,民主主義は,単に個人の意思が尊重される社会体制だけでは成立しないことに気づかせることができた。また,生徒たちの認識をみると,民主主義の成立について,以下のような概念として形成されたといえよう。

(1) 国家が国政を安定させ,国民の信頼を得ていること。

(2) 個人の意思の集合が社会を形成するが,国民が正しい判断・意思決定ができるような社会体制を整えていること。

(3) 国民の生活が安定し,議会制民主主義の考えが十分に定着していること。

このような概念形成に加え,生徒たちが,選挙の投票権が保障されただけでは民主主義が成り立たないことを理解できた点が成果であると考えている。

(4) 生徒の様子からみられる課題

生徒たちは授業後,「国民に聞こえのいいことを言って,騙す方が悪いとは思うが,投票時にそれを見抜く目を持つことも大切だと思った」という意見や,「政治家が選挙に当選するまでと,政権を取ってからの行動が違ってしまった時,それに対処できる国でなければならないと思った」という感想を書いていた。このような視点は,現在,日本で議論されている「非常時における政治権力による国民の権利の制限」に関する改憲議論を考えるうえでも重要であろう。

また,本時の内容の理解が不十分で,評価問題に対して,記述できない生徒

がいた事実にも目を向けなければならない。今後，自分の意思を表現できるような手立てを講じる必要があると感じた。そして中学生にとって，民主主義の考え方を，一単元のなかで理解すること自体にも課題があることを再認識した。しかし，このような実践を積み重ねることなしに民主主義への批判的な見方や，民主主義を問い直す視点からの考察は不可能であると感じた。生徒たちのこのような実態と向き合ったうえで授業実践を行わなければ，生徒たちの将来の投票行動には結びつかないという自覚をもって今後も授業実践に取り組みたい。

　本章では学校現場の現状をふまえ，社会科教育が担う主権者育成について述べてきた。学校現場において，現在の民主主義のあり方を批判的にみる機会は，きわめて少ないといってよい。学校教育において，教員全体で主権者を育成するという意識をもって，生徒たちと向き合っていかなければならないだろう。

　そして，中学校社会科教育においては，18歳までに，単に既存の制度を批判的にみる思考力を身につけさせることにとどまらず，今後の社会において，よりよい制度を構築することができる生徒の育成もめざしていきたい。これらの実現に向けて，今後も，日々授業づくりを繰り返していきたいと考える。

［内藤　圭太］

■注

1）なお，第二次世界大戦前後のドイツと民主主義にかかわる先行的な取り組みとして，以下の三つの実践がある。
　　①石本貞衡・川﨑誠司・上薗悦史（2008）「『ワイマール憲法の成立と崩壊』を通して『社会権』を学ぶ意義―再生刺激法による学習者の思考を基に―」日本社会科教育学会『社会科授業力の開発　中学校・高等学校編　研究者と実践家のコラボによる新しい提案』明治図書，pp.263-278
　　②奥山研司（2005）「『公民学習』の場面を取り入れた『歴史学習』の試み―"日本の戦時体制・ファシズム"をいかに教えるか―」全国社会科教育学会『優れた社会科授業の基盤研究　Ⅱ　中学校・高校の"優れた社会科授業"の条件』明治図書，pp.129-135
　　③二井正浩（2005）「中学校社会科歴史的分野における"民主政治"の教材化―"ヒトラーの政治"は民主政治か―」片上宗二編『社会科教材の論点・争点と授業づくり1巻　"民主政治"をめぐる論点・争点と授業づくり』明治図書，pp.115-128

第16章　司法学習における主権者教育

第1節　18歳選挙権と裁判員制度

　公職選挙法などの一部改正により，選挙権を有する者の年齢が満18歳以上に引き下げられ，2016年7月の参議院議員選挙から実施された。18歳以上が主権者として選挙に参加する権利をもつことになり，学校教育における主権者の育成，とくに公民的資質の育成を目的とする社会科における主権者教育の必要性が高まっている。

　18歳以上が選挙権をもつようになり，国民の司法参加の制度が変わる可能性がある。現在の裁判員制度では，選挙人名簿のなかから，1年ごとに無作為抽出で裁判員候補者名簿を作成し，裁判員はそのなかから事件ごとに無作為抽出すると定められている。裁判員は，20歳以上で選挙権を有する者から選任されるが，選挙権年齢が18歳以上に引き下げられたことで，将来的に18歳以上の国民のなかから裁判員が選出される可能性が高い。

　2009年から裁判員制度が始まったことで，裁判員に選ばれた有権者は司法に直接参加することができるようになった。裁判員に選出されると裁判に参加する「義務」を負うととらえる見方もあるが，最高裁判所の裁判官の国民審査以外に国民が司法に参加する権利をもつようになり，国民の参政権が拡大したと考えることもできる。18歳選挙権が始まったことで，18歳以上の国民が司法に直接参加する権利をもつようになる可能性が高いのである。

　このような背景をふまえると，義務教育の最後に当たる中学校3年生の司法学習においても，主権者としての意識の涵養が求められる。とくに司法制度や裁判員制度の仕組みだけでなく，その意義も理解させ，主権者としての資質や能力を育成する学習が求められる。

　そこで本章では，中学校の司法学習のなかで，18歳選挙権時代に求められ

るどのような資質や能力を育成することができるのかを検討する。

第2節　主権者教育と司法学習

　本節では，主権者教育として求められる資質や能力と主権者教育を行うための司法学習について検討する。

　まず，主権者教育のなかで求められている主権者として必要な資質や能力を検討する。高等学校での主権者教育を推進するために，総務省と文部科学省は『私たちが拓く日本の未来　有権者として求められる力を身に付けるために』を作成した。その「活用のための指導資料」では，主権者として必要な資質や能力として以下の4点をあげている[1]。

- ・論理的思考力（とりわけ根拠をもって主張し他者を説得する力）
- ・現代社会の諸課題に対して，多面的・多角的に考察し，公正に判断する力
- ・現代社会の諸課題を見出し，協働的に追究し解決（合意形成・意思決定）する力
- ・公共的な事柄に自ら参画しようとする意欲や態度

　これらの主権者として求められる資質や能力は，各教科の学習だけでなく，学校生活のあらゆる場面，さらには家庭や地域社会での活動を通して育成されるものである。しかし，平和で民主的な国家・社会の形成者を育成することを目的とする社会科は，主権者育成の中核となるべきであり，授業のなかに主権者として必要な資質や能力の育成を意図的に組み込んでいくことが求められる。

　つぎに，主権者教育を行うための司法の授業を検討する。学習指導要領解説では，司法学習の目的を「国民の権利を守り，社会の秩序を維持するために，法に基づく公正な裁判の保障があることについて理解させる」[2]としている。そして，「抽象的な理解にならないように，裁判官，検察官，弁護士などの具体的な動きを通して理解させるなどの工夫が大切である」[3]と述べている。つまり，司法の授業では，制度や仕組みの説明だけでなく，裁判にかかわる人々がどのようなはたらきをしているのかを具体的に理解させる授業展開が求めら

156　第3部　変貌する社会と市民性

れている。また，司法学習では「裁判員制度」にふれて，国民の司法参加の意義を考えさせ，裁判員制度が導入された背景を理解させることも必要である。

これらの司法学習に求められることをふまえると，裁判の制度や仕組みを抽象的に説明する授業よりも，生徒が裁判員として裁判（模擬裁判）に参加して判決を考えさせるという体験的な授業のほうが，裁判にかかわる人々のはたらき，制度の意義や仕組みを具体的に理解できると考えらえる。そして，裁判員として判決を出す際には，必ず協議の場が設定される。模擬裁判の授業では，判決を下すことよりも，そこまでの話し合いの過程や自分の考えを的確に述べることが重要視されている。判決について話し合うなかで，多面的・多角的に考え自分の意見をつくる力，自分の考えを主張し説得する力などの主権者として求められる資質や能力も育成される。

つまり，生徒が裁判員として裁判（模擬裁判）に参加して判決を考えさせるという体験的な授業を行うことで，日本の司法制度の意義や仕組みの理解とともに，主権者として求められる資質や能力も育成される。

第3節　単元の構想

本節では，主権者を育成するために，生徒に裁判員として裁判の判決を考えさせる学習を組み込んだ単元（全6時間）を構想する。

本単元では，裁判に参加するという体験的な学習を通して，裁判の社会的意義や憲法との関係，裁判員制度が導入された意義を理解させることをねらいとしている。

(1) 単元名　「日本の司法と裁判員制度」

(2) 単元の目標

・日本の司法制度や裁判員制度に関心をもち，裁判の判決を意欲的に追究し，裁判に参加する意欲を高める。
・刑事裁判の判決について，証拠を多面的・多角的に考察して公正に判断し，その過程や結果を適切に表現する。
・日本の司法制度について，適切に選択した資料から読み取り，調べた内

容を図表や文章にまとめる。
・日本の裁判の仕組みや人権保障のための取り組みによって，法に基づく
　公正な裁判が行われ，国民の権利を守り，社会の秩序を維持するために
　裁判があることを理解して，その知識を身につける。

(3) 単元の評価規準

ア　社会的事象への関心・意欲・態度	イ　社会的な思考・判断・表現	ウ　資料活用の技能	エ　社会的事象についての知識・理解
①裁判員制度に興味をもち，裁判員として裁判の判決を考える活動に意欲的に取り組んでいる。	①裁判員として，証拠を多面的・多角的に検証し，根拠を明らかにして自分の判断（裁判の判決）を出している。 ②裁判員制度のねらいや意義について，多面的・多角的に考察して公正に判断し，自分の意見を記述している。	①日本の司法制度について，適切に選択した資料から読み取り，調べた内容を図表や文章にまとめている。	①刑事裁判，民事裁判，行政裁判のちがいとそれぞれの特徴を理解し，その知識を身につけている。 ②国民の権利を守り，社会の秩序を維持するために裁判があることを理解している。

(4) 単元の指導計画と評価計画 (全6時間扱い)

時	学習目標	学習内容・学習活動	学習活動に即した具体的な評価規準・評価方法
第1時	・刑事裁判，民事裁判，行政裁判の違いとそれぞれの特徴を理解する。	○裁判官が他の公務員よりも身分が保証されている理由を考える。 ○刑事裁判，民事裁判，行政裁判のちがいを資料から読み取ってまとめる。	エ―① (ワークシート) 資料を読み取ることで，刑事裁判，民事裁判，行政裁判のちがいとそれぞれの特徴を理解し，その知識を身につけている。
第2時	・裁判員制度の仕組みを知り，裁判への関心を高める。 ・三審制の仕組みを理解し，図にまとめる。	○裁判員制度の仕組みを理解し，三匹のこぶた裁判の判決を考えることで，裁判への興味を高める。 ○三審制の仕組みを資料から読み取って，図にまとめる。	ア―① (観察・ワークシート) 裁判員制度の仕組みを知り，三匹のこぶた裁判の判決を考える活動に意欲的に取り組んでいる。 ウ―① (ワークシート) 三審制の仕組みを適切に整理し，ワークシートにまとめている。
第3時	・裁判員として，刑事事件の判決と量刑を考察する。	○裁判員制度広報映画を見ながら，裁判員になったつもりで，判決と量刑を考え，ワークシートにまとめる。	イ―① (ワークシート) 裁判員として証拠を検討し，根拠を明らかにして判決を考えている。

158　第3部　変貌する社会と市民性

第4時	・裁判員として，刑事事件の証拠を多面的に検討し，判決を出す。	○裁判員制度広報映画を見ながら，裁判員になったつもりで，判決と量刑を考え，ワークシートにまとめる。 ○4人組グループで判決と量刑を話し合う。	イ―①（ワークシート） 裁判員として証拠を多面的に考察し，根拠を明らかにして判決を出している。
第5時	・模擬裁判に意欲的に参加する。 ・裁判の仕組み理解するとともに，裁判員として根拠を明らかにして判決を考える。	○証拠に基づいた判決と推定無罪の法則という裁判の原則を理解する。 ○模擬裁判に参加しながら，証拠に基づいて判決を考え，グループでの協議を通して判決を出す。	ア―①（観察・ワークシート） 模擬裁判を傍聴し，裁判員として意欲的に判決を追究している。 イ―①（ワークシート） 模擬裁判で出された証拠を多面的に検討し，根拠を明らかにして判決を出している。
第6時	・裁判では人権が保障されていることを通して，人権保障と社会秩序維持のために裁判制度があることを理解する。 ・裁判制度のねらいや意義を考える。	○模擬裁判を振り返ることで，裁判における人権が保障されていることや社会秩序を守てることを理解する。 ○裁判員の体験学習を振り返ることで，裁判員制度のねらいや意義を考える。	イ―②（ワークシート） 裁判員制度のねらいや意義について，これまでの裁判員としての経験に基づいて，多面的・多角的に考え，自分の意見を記述している。 エ―②（ワークシート） 日本の裁判制度では，人権を保障するための取り組みが行われていることを知り，国民の権利を守り，社会の秩序を維持するために裁判制度があることを理解している。

　第3・4時で取り上げた裁判は，駅の構内で起こった傷害過失致死事件[4]のもので，事実認定の争いはなく，被告人に殺意があったのかが争点となった。そのため，生徒は状況証拠や証言者の発言から，被告人の殺意の有無について検証し，有罪か正当防衛による無罪かを考えた。多くの生徒は，授業を通して，裁判の流れや裁判官・検察官・弁護士のはたらきを理解するだけでなく，裁判員として多角的な見方で考え，証拠や証言だけでなく法（刑法）に基づいて判断することの大切さを学んだ。しかし，裁判中に事実認定での争いがなかったため，証拠の検証が不十分になってしまった。また，裁判における裁判官・検察官・弁護士のはたらきの理解が不十分な生徒も一部みられた。

　そこで第5時では，事実認定を争っている裁判[5]を題材にして，生徒による模擬裁判を行った。第5時で取り上げた裁判は，コンビニエンスストアの店員にナイフを突きつけてレジの現金を奪い，犯人を捕まえようと追いかけてきた

第16章　司法学習における主権者教育　*159*

店員を殴り倒して怪我をさせたという強盗致傷事件の裁判である。裁判では、店員と近所の住民の証言があり、物証としてアウトドアナイフ、サングラス、スキー帽、バイク、現金9万7000円が提示された。この裁判では、証言や証拠が、被告人が犯人であることを示すものなのかが争点となった。

写真16.1　生徒による模擬裁判

第4節　授業における生徒の学びと主権者教育

本節では、単元の3・4時間目の映像による裁判の授業と5時間目の模擬裁判の授業における生徒の学びの実態から、司法学習のなかでも主権者としての資質や能力を高めることができることを明らかにする。

3・4時間目の授業では、裁判員制度広報用映画の法廷場面だけを視聴させ、被告人の殺意の有無について検証し、有罪か正当防衛による無罪かの判決を出させ、有罪の場合、量刑も決めさせた。3時間目は、審理1日目と2日目を視聴させ、その時点での判決を考えさせ、ワークシートにまとめさせた。4時間目は、審理3日目を視聴させ、3日間の審理を振り返って自分の考え（判決）を記述させ、グループで判決を話し合って、全体に発表させ、最終的な自分の考え（判決）をワークシートにまとめさせた。

4時間目の授業の感想で、以下のような意見を記述した生徒がおり、模擬的に裁判に参加することで、司法制度の仕組みを理解することができた。

> 今回の授業で、裁判はどのように進んでいくのかがわかったので、将来もし裁判員に選ばれたときに役立てていきたいと思った。

また、次のような感想を書いた生徒がいた。

被告人側と被害者側の人生にかかわることを決めるのはむずかしいと思った。一つの方向からだけではなく，多方向から事実をみていきたいと思った。

　この生徒は，裁判員として判決を考えるなかで，多面的・多角的に考えて判決を出したからこそ，多面的・多角的に考えることの大切さに気づくことができたと考えられる。

　4時間目の授業の感想に，以下のような意見を書いた生徒がいた。

　とある小説の一文に「人が人を罰することはできない」とある。この文のとおり，私は自分の出した判決で他人の人生を左右させてしまうことになるのは気が引ける。しかし，今回のような事件の場合，少しでも被告人側の量刑を軽くさせるためにも自分が裁判員となり意見をしたいと思う。

　この生徒は，裁判員として裁判の判決を考えるという活動を通して，「人は人をさばくことができるのか」という問いを出し，裁判員としての責任の重さを自覚したうえで，自分が裁判員となって被告人の利益を守りたいと述べている。判決を出す重圧から裁判員制度に忌避感をもつという「人間としての生き方」と，弱者（被告人）の人権を守るべきであるという「人間としてのあり方」の両方を考え，人権を擁護する「人間のとしてのあり方」を重視している。裁判員制度を批判的にとらえながらも，人権擁護の大切さを自覚する深い思考をするとともに，社会参画の意識が高まった。

　また，以下のような感想を書いた生徒もいた。

　私は将来裁判員はやりたくないです。人の人生を左右する発言をする自信がないから。

　この生徒は，裁判員として判決を出すという経験をしたことで，裁判員制度への忌避感を学んだ。裁判員制度は，国民の司法参加の権利であり，辞退事由に該当する場合は裁判員になることを辞退することもできる。授業では，辞退

第16章　司法学習における主権者教育　*161*

事由について取り扱うことが必要であり，さらに裁判員裁判への批判的な意見[6]
について検討し，国民の司法参加について問い直すこともできる。裁判員制度
が定着してきた時期だからこそ，国民の司法参加の意義と限界を問い直すこと
によって社会制度への批判的な思考力が育成され，主権者教育として有意義な
ものになる。

　5時間目は生徒による模擬裁判の授業である。授業は，前半に裁判官・検察
官・弁護士・被告人・証人役以外の生徒は裁判員として裁判を傍聴し，後半の
グループ協議では裁判で出てきた証拠や証言を検証して判決を考えさせた。グ
ループ協議に入る前に，裁判で出された証拠に基づいて判決を決めることや推
定無罪の原則などの裁判の原則について説明した。関係する刑法の条文や裁判
で出された証拠についての検察側と弁護側の主張をまとめた資料を配布し，グ
ループ協議で活用させた。グループごとに判決とその理由を発表させ，最後に
自分の考え（判決とその理由）をワークシートにまとめさせた。

　まとめのワークシートで，ある生徒は以下のような記述をした。

私は，被告人は「有罪」だと思う。
理由：被告人の発言に不自然な点が多くみられたとともに，事件当日の行
　　　動にも不自然な点がみられた。アウトドアに行ったことがないにも
　　　かかわらず，備品（アウトドアナイフ）を購入している。また，アウ
　　　トドア仲間の話を黙秘したことに疑問を感じた。

　この生徒は，被告人の証言に複数の「不自然な点」を見つけた。とくに以下
のようなアウトドアナイフについての証言の部分に不自然さを感じた。

検察官：アウトドアキャンプに行くためにナイフを持っていると言いまし
　　　　たね。
被告人：はい。
検察官：今までキャンプに行ったことはあるのですか。
被告人：…いいえ。これから行こうと考えていました。
検察官：では，あなたの家にあった刃渡り25センチメートルもあるアウト

ドアナイフは，キャンプのどのような場面で使うものなのですか。

被告人：キャンプ仲間から，キャンプのときには刃渡りの長いナイフが必
需品だと言われて買っておいたもので，どのような場面で使うの
かについては，私もよくわかりません。

検察官：キャンプ仲間とは誰ですか。

被告人：…言いたくありません。

　被告人がアウトドアナイフの使用方法を説明できないことに不自然さや矛盾
を感じ，アウトドア仲間を言いたくないと答えた被告人の証言は信用できない
と考えたのである。

　上記の生徒は授業の感想に，以下のような記述をした。

　被告人や被害者，また目撃者の話をしっかり聞き，矛盾点がないか注意
しなければいけないと思った。

　この生徒は，裁判員として裁判で出された証拠や証言を検証するなかで，矛
盾点や不自然なところがないかを考え，根拠をもって主張し他者を説得させる
論理的思考力の大切さに気づいた。

　また，グループ協議の前後で，自分の考え（判決）が以下のように変化した生
徒がみられた。

グループ協議前の意見
被告人は無罪だと思う。
理由：理由があやふや。バイクなんてアパート以外の人も乗っているし，
　　　9万7000円ぐらい持っていてもおかしくないと思う。
グループ協議後の意見
被告人は有罪だと思う。
理由：最初無罪と思っていたけど，理由を考えてるとき，「なぜ？」と思っ
　　　たりした。たとえば，「なんでテレビを見ていたのに1時ごろバイ
　　　クの点検をしはじめたのか？」とかが思い浮かんで，有罪の人の
　　　意見を聞いていて「有罪だな！」と思った。

この生徒は，裁判員としてグループで協働的に判決を追究するなかで，自ら
の考え方を問い直し，他者の意見をふまえて意思決定することができた。

　このように，生徒が裁判員として裁判（模擬裁判）に参加して判決を考えさせ
るという体験的な授業を行うことで，司法制度の意義や仕組みの理解だけでな
く，主権者として求められる資質や能力を育成することができた。

　本章では，中学校の司法学習のなかで，主権者として必要とされるどのよう
な資質や能力を育成することができるのかを検討した。

　その結果，生徒が裁判員として裁判（模擬裁判）に参加して判決を考えさせる
という体験的な授業を行うことで，日本の司法制度の意義や仕組みの理解とと
もに，主権者として求められる資質や能力も育成された。この単元のなかで生
徒は，多面的・多角的に考えることや根拠をもって主張し他者を説得させる論
理的思考力の大切さに気づき，協働的に判決を追究するなかで，自らの考え方
を問い直し，他者の意見をふまえて意思決定したり，社会参画の意識が高まる
など主権者として必要とされる資質や能力が育成された。

　今後は，選挙制度や論争問題を考える学習と連携して，主権者教育をさらに
充実させていきたい。　　　　　　　　　　　　　　　　　　　　［田代　憲一］

■注
1）総務省・文部科学省（2005）『私たちが拓く日本の未来─有権者として求められる力を身に付け
　るために　活用のための指導資料』p.7
2）文部科学省（2008）『中学校学習指導要領解説社会編』p.111
3）文部科学省（2008）『中学校学習指導要領解説社会編』p.113
4）最高裁判所作成の裁判員制度広報用映画『審理』の法廷場面を取り上げた。
5）模擬裁判で取り上げた裁判は，東京書籍『新しい社会　公民』に掲載されているコンビニ強盗致
　傷事件の裁判である。岐阜県弁護士会が作成したこの事件の模擬裁判用シナリオを使用した。
6）裁判員制度については，裁判員の辞退率の増加，審理期間の延長，裁判員の心理的負担や安全確
　保の課題などから司法への国民参加について批判的な知見もある。

第17章　グローバル化する世界と市民性

第1節　グローバル化する国際社会に求められる資質・能力

　現在，現行学習指導要領の改訂作業が進められており，次期学習指導要領の基本的な方向を議論してきた中教審教育課程企画特別部会の「審議のまとめ」（2016年8月26日）が公表された。審議のまとめによると，次期学習指導要領が念頭におく2030年の日本の社会は，人口減少，少子高齢，グローバル化，情報化，多文化共生などの課題があり，その課題について指導する必要性が求められている。

　さらに最近の海外の教育の動向に大きな影響を与えているものの一つとしてOECD（経済協力開発機構）が提唱する「キー・コンピテンシー」があげられる。キー・コンピテンシーは社会で活躍するために必要な汎用的能力や行動の特性を示したものである。新しい知識や技術がどんどん生まれ，絶えず変化しつづける時代に対応していくために，幅広い知識を身につけるとともに，それらを柔軟に活用する力を求めている。こうした変化の激しい社会のなかで求められる教育のあり方について，多田孝志は，グローバル時代に生きる人間として具備すべき資質・能力を「地球市民性」とし，共生社会とは，多様な他者との新たな解や叡智の共創を重視する社会であるとしている[1]。求められる資質としては，歴史的・空間的かつ人や自然・社会・自己との立体的・相互的・共創的かかわりを認識し良好な関係を構築できる資質・能力としての「関係性・つながり」，対立や異なる意見を生かしていける資質・能力としての「多様性」，変化する社会に適応でき，自己変革していくことのできる「自己変革・成長」「当事者意識と主体的行動力」をあげている。さらにこれらを有用に活用するための具体的な手立てが「対話力」であり，資質・能力の要件を結びつけ，融合させ，「共創」をもたらす基本技能であるとしている。

165

そこで提言などをふまえ，筆者の考えるグローバル化する国際社会に求められる資質・能力の基本的な要素を以下の３点にまとめてみたい。

①自らの国の文化や伝統の意味や意義を知り，異なる文化・民族・宗教をもつ人々を受容・共生することができる力

②国際社会におけるさまざまな問題の解決に向けて，人権についての鋭い感受性をもち，他者と協働しながら取り組むことができる力

③異なる意見や立場のちがいを認め，自らの考えや意見を自ら発信し，具体的に行動することのできる力

　また，本書の主題である18歳選挙権とのかかわりという点については，政治的な意思決定を行う際に国際社会の問題に広く目を開き，わが国をとりまく国際社会の一員として，私たちは何を，どのように考え，行動していくことがよいのか，主体的に考察し，判断する資質・能力を育成することだといえよう。つまり，国際社会の問題について，対話的な議論を展開し，人権を尊重し，民主的な意思決定の方法を通して，自らの選択・判断を行い，よりよい社会に向けての提言・行動・実践を伴う活動を展開していくことである。

　つぎに，上記３点の資質・能力の育成および，国際社会の問題について主体的に取り組む態度の育成をめざした授業実践例として，シリア難民問題を取り上げた授業の分析を通して，グローバル時代における市民性のあり方を考察してみたい。

第２節　人権の視点から欧州の難民問題を考える授業実践

　本実践は筆者が勤務している東京学芸大学附属竹早中学校の第１学年（男子20名，女子20名）社会科地理的分野（単元名「統合を強めるヨーロッパの国々」）で，EUの現状と課題について2016年６月に実施したものである。とくにシリア難民を生む社会構造の問題，難民にとっての生活・教育上の問題，難民を受け入れる国・地域がかかえる問題など，さまざまな切り口からこの問題を考察し，グローバル化する世界における市民性のあり方を生徒たちに問いかけることをめざしたものである。

(1) 単元の特性（単元設定の理由）

　欧州で社会問題化しているシリアなど中東からの難民問題をきっかけに，欧州の二つの制度が注目されている。「EU」と「シェンゲン協定」である。本来EU は不法な経済移民は受け入れないものの，シリアなどの戦火を逃れてきた難民は受け入れ，それを域内各国で均等に分担する構想を掲げてきた。その最大の分担国は 100 万人を超える難民が流れ込んだドイツである。難民問題については EU の加盟国内でも対応に差があり，最大の受入れ国のドイツでさえ移民排斥運動が台頭している現状がある。また中・東欧諸国のなかには EU に対して難民政策の見直しを求めていく動きもあり，セルビアとの国境を封鎖したハンガリーの政策もこの流れと一致するものである。本来国境の審査をなくし，ヒトやモノの移動を流動化させることで経済的な利益を優先させてきた EU であるが，国境封鎖という実力行使に踏み切る事態が増加・長期化することは欧州統合に逆行するだけでなく，経済的な損失も大きいといえる。つまり，これまで結束を維持してきた EU が難民問題に直面して危機を迎えているということである。また，人道的な問題への対処についてのジレンマは，生徒の感性に訴えやすく，また，他人事ではいられない問題であり，その対応のあり方を多面的に考えることの重要性をとらえさせやすい。

(2) 資質・能力の観点

①批判的思考力，協働する力

　国家を超えた結びつきをなぜ強めようというのか，島国の日本ではわかりづらいことである反面で，国家間協力は魅力的にさえ映る。しかも，今日，難民問題への対処などその存在価値が問われるような問題に直面し，意見が割れている。その意味で国家間統合について批判的に考察させやすい。そもそもこうした意見が対立している問題を取り上げることは，双方の意見に耳を傾け，自分なりの考えを多面的・多角的にとらえる必要性を実感させやすい。生徒の間でも意見が割れることが予想され，それをどう調整していったらよいか考えるきっかけにもなり得る。

②人間性（他者に対する受容・共感・敬意，探究心，よりよい社会への意識）

第 17 章　グローバル化する世界と市民性　*167*

EUについては，現実社会においてもさまざまな立場・意見が混在している。そうした多様な意見や価値観に直面させることは民主主義的に決めることを学ぶよい機会ともいえる。報道も多く，とくに難民問題は人道的な問題で，生徒の探究心を高めやすいし，他国のこととしてではなく，当事者意識をもって，社会のあり方を考える機会となりやすい。悲劇が多く生まれながら，難民受け入れを拒む意見がなぜ支持されるのか，非人道的に映る政策をなぜとるのか，そのジレンマを取り上げる教育的意義は大きいといえる。

(3) 単元の目標

・ヨーロッパ州が結びつきを強めようとする過程を学習することにより，ヨーロッパ州の地域的特色を歴史的・政治的・文化的・経済的視点から幅広く考察する。

・EUがかかえている問題を，加盟各国の地域的特色のちがいや，難民問題など域外諸国との関係からとらえるとともに，グローバル化するリスクの様相をとらえる。

・地域統合を強めるEUの取り組みについて，リスクと公益性の観点から考察し，よりよい社会の実現にむけて自らの価値認識を問い直す。

(4) 教材観

EUの加盟国が東欧諸国へと拡大していくなか，教科書や世界国勢図会などの資料によると，加盟国の国民総所得や1時間あたりの平均賃金のちがいがより大きくなっている。加盟国内の経済の格差が顕著である一方，比較的貧しい国から豊かな国へ働きに出る人が増え，労働者の移動現象が起きている。それでは西欧諸国へと流入した多くの移民たちの権利が保障され，市民として統合されていく可能性が増したのかというと，現実は必ずしもそうではない。経済活動の自由と市場の自由を推進する西欧諸国にとって，グローバル化する経済の波にコスト削減の競争力を保持するためには，安価な労働力としての移民の存在は経済発展の不可欠な要素であることには変わりはない。しかし，重大な犯罪やテロ事件の発生によって，公共の福祉や安全を脅かす対象として移民の存在が問題視されるようになると，「望ましくない移民」の入国を制限し，ひ

168 第3部 変貌する社会と市民性

いては国内の移民を排斥する動きが目立ってきている。つまり，移民が国家に統合されることが必要とされる一方で，社会のリスクや安全を確保するために排除されるという状況が併存しているといえる。

　近年，紛争地域シリアからの大量の難民が欧州へ流入し，移民問題をさらに困難な状況に陥らせている。欧州最大の受け入れ国ドイツでは，過去1年間でシリア人を中心に100万人以上の移民が入国を許されている（2016年）。ただし，最近では国境管理を厳格化し，流入する移民を抑制しようとする欧州の数カ国と同様の措置をとっている。この移民政策のジレンマともいえる状況は，移民の受け入れによる国家の発展および人道的・人権保護の立場から積極的に難民の保護を進めていく立場と，他方で国の利害の対立や感情の対立が生じ，社会的なリスクとして論じられる難民の存在を，国の存在を脅かす脅威として排除しようとする立場との相克である。この問いの答えを見いだすことは決してたやすいことではないが，あえて今回の授業では，難民の保護に対してどうあるべきかという問いを立てることで，生徒たちには難民の問題が一部の「ポピュリズム」の格好のターゲットとしてその立場の正当化に利用されている状況をとらえつつ，人道的・人権保護の立場から移民・難民の保護について道徳的な問いをなげかけるものと期待している。

(5) 主体的・対話的な指導上の工夫（アクティブ・ラーニング活用方法も含む）

　今回の授業の特徴の一つは，ギリシャの財政危機，イギリスのEU離脱問題，移民・難民問題に対処しようとするEU諸国のジレンマの状況を少人数のグループで話し合い，討論することである。このために使用する資料や事前の学習は討論活動を掘り下げたり，個々の価値観のちがいを露呈させたりして，生徒各自の意見のちがいをより際立たせる工夫をしている。さらに，グループでの話し合いの内容をホワイトボードに可視化し，全体で概観することにより，自分とは異なる意見や価値観をもつ人の存在を知り，さらに与えられた問題に対して，それではどうあることがよいことなのか，という人としてのあるべき姿が探究されるということが特徴である。

第17章　グローバル化する世界と市民性　*169*

(6) 単元の評価計画（評価規準・基準，評価方法）

評価規準	評価方法
・ヨーロッパ州の人々の生活の様子をとらえ，政治的・経済的結びつきを強めてきた国家間の統合とその課題に対する関心を高め，主体的に追究することができる。（態度） ・ヨーロッパ州の地域的特色についての資料を読み解き，国家間の統合とその課題について多面的・多角的に考察し，その過程や結果を適切に表現することができる。（思考・判断）。 ・ヨーロッパ州における国家間の統合とその課題について，異なる立場や対立する問題の構図をとらえ，問題点を理解することができる。（知識・技能）	・正誤法，選択肢，記述式などの客観テストによる評価 ・授業中の発言や討論への参加意欲などの観察による評価 ・授業のなかでのノートやワークシートなどの表出物による評価

A（十分到達）	B（おおむね到達）	C（努力を要する）
・積極的に発言をしたり，話し合い活動に積極的に参加したりするなど，授業に主体的に参加できる（態度）。 ・EUの統合をめぐり多くの課題をかかえていることを政治的・経済的・民族的な視点から考察することができる。（思考・判断）。 ・EUの加盟国が増加する一方で，移民・難民問題を例に，その政治的・経済的・民族的対立など多岐にわたる課題が存在することを理解することができる。（知識・技能）	・話し合い活動に積極的に参加したりするなど，授業に参加できる（態度）。 ・EUがかかえている課題について，政治的な対立や経済格差などの視点から考察することができる（思考・判断）。 ・EUの加盟国が増加する一方で，移民・難民問題を例に，複雑な課題が存在することを理解することができる。（知識・技能）	・学習の内容をノートに記述するなど，授業に参加できる（態度）（思考・判断）。 ・ヨーロッパの国々が統合するすめていくなかで問題をかかえていることを理解することができる（知識・技能）。

(7) 単元の指導計画（全6時間）

時　間	主な学習活動（時間数）	教師の指導・評価・留意点
第1次 （1時間）	・ヨーロッパ州にはどのような自然環境（地形・気候）の特色がみられるのか，また，民族，宗教，言語の分布と多様性に気づき，ヨーロッパの歴史的・文化的背景を理解する。	・ヨーロッパの地理的特色を歴史的・民族的・文化的な視点からとらえる。
第2次 （1時間）	・ヨーロッパの統合が進むことによって，どのような変化が起きているのか，農業分野・工業分野を例に取り上げて学習する。また，統一通貨ユーロの流通が始まり，域内を自由に移動する人々と地域格差が生まれてきていることを資料から読み取り，理解する。	・人や物の流れが活発化し工業が発展したこと。その一方で地域格差が広がっていることなどをとらえる。
第3次 （1時間）	・EUの拡大による利点と問題点について，財政危機をまねいたギリシャへの支援をめぐる各国の思惑を考察し，自分なりの考えをまとめさせる。	・EUの理念に照らしてギリシャ支援のあり方を自分なりの考えにまとめさせる。

170　第3部　変貌する社会と市民性

第4次 (1時間)	・EU の離脱か残留かをめぐって国民投票を行うイギリス国内の背景を理解させる。 ・ドイツは EU 最大の工業国に発展し，地中海沿岸諸国から多くの外国人労働者を受け入れてきたことをふまえ，移民の力が経済の発展に寄与したことをつかませる。 ・近年ではドイツの大都市で外国人が急増し，彼らを排斥する運動が高まっていることを理解させる。	・第二次世界大戦中のホロコーストへの歴史的な反省があり，ドイツでは，歴史と真摯に向き合う取り組みが成された結果として，難民を受け入れる素地が大きく開かれていることに気づかせる。 ・イギリスの EU 離脱の動きを例に，外国人の支援のために使われる負担が増えるなどの問題が起きたことや，宗教や文化が異なることに注目させる。
第5次 (1時間) 本時	・移民を多く受け入れてきたドイツであるが，シリアからの難民が国内の移民排斥運動の高まりなどの問題に拍車をかける結果となっていることをとらえる。 ・難民問題をめぐっては EU 各国の思惑や対応にちがいがあり，ひいては「一つの欧州」の理念が揺らいでいることに気づかせる。 ・難民問題への対処のあり方を話し合い，自分なりの考えにまとめさせる。	・難民のおかれている立場や境遇に共感し，人道的立場からその解決に向けて取り組むことの必要性を強く意識させる。 ・難民問題をめぐる EU 各国の立場や思惑にはちがいがあること，その問題の解決にはきわめて困難な課題が多いことをとらえさせる。
第6次 (1時間)	・難民問題についての話し合い活動を振り返り，日本の難民受け入れのあり方も含め，これからどうなることがよいことなのか，自分たち自身の課題として関心をもち，これからの社会をよりよくしていこうとする態度を養う。	・難民問題をきっかけに，異なる意見や立場を理解し，解決に向けて努力していこうという強い意志をもつとともに，よりよい社会を築いていこうという意欲をもたせる。

(8) 本時の目標

①難民問題を取り上げたドキュメント番組を視聴し，難民たちのおかれた状況などの事実を把握し，その対処について対立する意見を分類することができる。【資料活用】

②難民問題をかかえる EU 各国の立場や意見のちがいを比較し，グループ内で話し合い，お互いに意見交換をして理解を深めることができる。【思考・判断・表現】

③最大の難民を受け入れているドイツについて，これまでのドイツの難民問題に対する態度を振り返り，これからどうなることがよいのか，よりよい対応の仕方を考え，自分なりに意見をまとめることができる。【思考・判断・表現】

第17章　グローバル化する世界と市民性　*171*

(9) 本時の学習指導課程

時配	学習内容と活動	指導上の留意点●・評価★
導入 5分	・地中海を決死の覚悟で渡ってくる難民の親子を写した写真を見てわかることを列挙する。 ・難民の問題は急迫の事態で命にかかわる問題であることに気づく。	★ヨーロッパへ流入する難民のおかれた立場に共感する態度をもつことができたか ・欧州の難民危機を報道した写真 ・映像資料『NHK　NEXT スペシャル　密着シリア難民4000キロの逃避行』
展開 40分	・難民が地中海を越えてギリシャから EU 各国へ流入してくるなかで，鉄条網を設置するハンガリーに着目し，EU 諸国が難民の対応に苦慮していることを理解する。難民受け入れのメリットとデメリットを考えさせる。 一枚岩ではないドイツ国民 ・ドイツの状況を理解する。（年間，人口の1％にもあたる80万人の難民を受け入れることや難民収容施設で発生した暴力事件などからメルケル首相への批判が起きていること） ・EU がばらばらになるおそれがあること ・ヨーロッパを統合するという大きな理想を掲げる EU の中核国としてのドイツがこのまま難民の受け入れを続けることがよいのかどうか，グループで意見を出し合う。 対立するいくつかの意見を発表し，現段階での最もよいと思うアイデアをグループで話し合い，結果をホワイトボードに記入する。	●期待したいこと ・メリット：道理的な責任，国家としての信用力の向上，将来の貴重な労働力 ・デメリット：多額の税金が難民のために使われる，偽装難民がいる，犯罪やテロを助長する ・難民を「問題視」する生徒の見方のなかに，急進的右派勢力の主張や移民排斥運動の主張と共通する意見がみられることも予想される。ただし難民を問題とする視点のなかで，人権を守るという姿勢や人権という価値観を基盤として難民の問題を考察することは，イデオロギーの対立に揺さぶられることなく，人種・民族・宗教のちがいを超えた普遍的な価値を守る姿勢を生徒たちに育む機会となることを期待したい。 ・難民の受け入れ体制を整える以前に，発生原因となっているシリアの紛争解決に向けての取り組みが急務であると指摘する声も予想できる。
終結 5分	・8班のすべての意見を掲示する。 ・「11人と100万人」という数字を提示し，日本とドイツの難民受け入れ体制のちがいに着目する。（昨年の日本の難民申請は過去最高の7600人に上ったが，そのうち99％が却下されている。） ・日本政府は難民受け入れに非常に厳格であることをとらえる。	★難民問題の解決のむずかしさを改めて感じ取ることができる。 ★欧州への日本政府の対応に注目して，ヨーロッパ州における難民の問題を日本にも引き寄せて考えるきっかけとなったか。

(10) グループ討論を終えての生徒の認識の分析

　難民が流入してくることに神経をとがらせ，受入れを厳格化している日本と好対照な国がドイツである。その要因を生徒たちにたずねたところ，第二次世界大戦中の「ホロコーストへの歴史的な反省があるのではないか」（下線は筆者，以下同じ）と指摘する声があった。たしかにドイツは，ある特定の人種や民族

に対する偏見や差別をする姿勢そのものが悲劇を生み出したという教訓をもとに，真摯に歴史と向き合う取り組みがなされてきた結果，難民を受け入れる素地が開かれているといえる。しかし他方で難民の「排外」を標榜する集団の存在や，長い間禁書扱いとされていたヒトラー『わが闘争』(1925-1926, 2016再版)の著作権消滅を受け，にわかに教育現場での教材化の動きが広がっていることも注視しなければならない。

　難民受け入れのメリットとデメリットという視点から考察すると，「ドイツの人たちからすると，文化も宗教も言語もちがう人を受け入れるのには勇気がいるし，テロリストも紛れ込んでいるという恐怖もある」というように治安の悪化が懸念される一方，「難民にも人権があり，たまたまシリアに生まれただけなのに普通の生活ができないのはおかしい」という意見や，「何百万という単位で受け入れると自分の国が貧しくなったりするのではないか」という意見もあった。また，「同じ地球に住む人たちだから協力しなければいけない」というように受け入れた国家の信用力の向上につながったり，将来的には「ドイツの工業の発展」「貴重な労働力となったりする」という指摘もあった。

　こうした問題をふまえ，さらに「それでも難民を受け入れるべきか」というテーマで討論を続けたところ，「なぜ難民が生まれたのかということを疑問に思いました」というように難民の受け入れ体制を整える以前に，難民問題の発生原因となっているシリアの紛争解決に向けての取り組みが急務であると指摘や，「今回のヨーロッパの学習で学んだことは「視点を変える」ということです。難民の視点からみるか，難民を受け入れる国の視点からみるかで真逆の意見が出ました」というように，難民を「問題視」するなかで，中学生の発達段階を考慮すれば政治的な立場のちがいに自らの意見が揺さぶられる姿をとらえることができた。ただし，人権の尊重という民主的な価値観を基盤として難民を「問題視」するなかで，立場やイデオロギーの対立に揺さぶられることなく，人種・民族・宗教のちがいを超えた普遍的な価値を守る姿勢を生徒たちに育む機会となったと考えている。

第3節　授業実践のまとめと今後の課題

　改めて今回の授業実践を，グローバル化する国際社会における市民性の育成という観点から成果と課題を述べてみたい。まず生徒の感想からは，難民のなかにテロリストの侵入が懸念される一方，助けるべき存在としての難民の立場が揺らいできていることがうかがえる。ただし，人権を守るという姿勢や人権という価値観を基盤として難民の問題をとらえていることから，イデオロギーの対立に揺さぶられることなく，人種・民族・宗教のちがいを超えた普遍的な価値を守る姿勢を生徒たちに育む絶好の機会となりえたといえる。

　また，難民の問題を入り口として歴史的・地理的・社会的問題に追究の目を向けていくことができることを示している。とくにシリア国内の内戦状況はアラブの春と呼ばれた民主化運動のなかで強権的な政権として存続してきたアサド政権とそれを支持するロシアと，反政権勢力を支持するアメリカ・EUとの対立の構図が浮き彫りにされてくる。

　このことから，市民性の育成として重視した，①異なる文化・民族・宗教をもつ人々を受容・共生することができる力および，②人権についての鋭い感受性をもち，他者と協働しながら取り組むことができる力については，今回の授業を通して育くむ機会を与えることができたといえるが，③具体的に行動することのできる力の部分に関しては，自らの意見を表現するまでにとどまり，具体的に行動できる市民としての資質の育成までには至らなかった。このように，欧州の難民問題を入り口として，社会科の授業で実践することで生徒に人権意識を基盤とした社会問題を考察する機会を提供するとともに，最終的によりよい社会を構成するための対立と合意などの視点から社会問題を考察し自らの意見を構築する契機となると考えられる。こうした課題意識を念頭に，今後も社会科の実践においてさらなる研究を深めていく所存である。　　　　［上園　悦史］

■注
1) 多田孝志(2016)「グローバル時代の対話型授業の研究」兵庫教育大学大学院連合学校教育学研究科博士論文

第18章 民主主義の「意味」を探究する 世界史学習のカリキュラム

第1節 「歴史的思考力」を深めることと「民主主義」とのかかわり

> 政治に参加したい，参政権が欲しい，という運動は数多く起こっているが，現代の日本での選挙投票率は決して高くない。では，民主主義は，本当に民衆のための社会体制として機能するだろうか。

このコメントは，筆者の1年間の世界史の授業を受けた生徒たちが，その半年後に行ったとあるワークのなかで表出させた疑問である。「民主主義」が成立するために，主権者たる生徒は，どのような力を身につければよいのだろうか。そこに「歴史的思考力」が一つの役割を果たすべきだというのが，本章の主張である。「民主主義」とは，政治的意思決定に人々が公正に参加できるシステムであると同時に，そこにかかわろうとする意思と，時の権力者に対して批判的な思考ができることがその実施の条件である。昨今の日本社会の政治やメディアをめぐる状況は，「与えられた」「わかりやすい」情報を受容し，それに従うという意味において，教室の状況と酷似している。

筆者の勤務校の生徒たちはじつに真面目な生徒が多い。旧来の「与えられた知識を効率よく受容する」という学力観においては，それは正の価値となるかもしれない。しかし，「歴史的思考力を育成する」という学力観においては，その思考の主体性を回復することが授業の大前提となる[1]。黙って教師の話を聞き理解することが授業であると無意識に刷り込まれてしまっている生徒の姿から，歴史に対して疑問や意見をもつ生徒の姿へ，「真面目さ」の意味の転換が求められる。そのためにはさまざまな思考のトレーニングによって，「考える文化」を教室に醸成することが必要となる。「歴史的思考力」育成と思考の主体性の回復は，「民主主義が機能するための思考力」の育成に直結するので

175

はないだろうか。

　昨今の教育改革をめぐる議論のなかでは，「歴史総合」の設置が答申され，「思考力・判断力・表現力」や「アクティブ・ラーニング」など，マジックワード化した概念も多く登場している。しかし，これら思考力の内実を分析対象とし体系化しようとした試みは，決して多くない[2]。ディベートやポスター発表など授業の形式にこだわるのではなく，彼らの思考がどのように深まってゆくのかを追跡してゆくことが，「歴史的思考力」の育成を真に実現する手立てではないだろうか。

　そこで，「歴史的思考力」の内実を類型化し，カリキュラム化することを本章の課題としたい。通史的な歴史叙述が教科書になるのと同じように，「歴史的思考力」にもさまざまな段階やパターンがあり，学習の深化に伴って思考力が高まるようなカリキュラムが必要だと考える。「歴史的思考力」を定義する際，歴史学習固有の教育目標と，他教科とも重ね合わせられる教育目標との両面を意識すべきである。前者については，構築主義的に歴史をとらえる力が重要である。歴史とは誰かがある歴史観に基づいて物語ったものという側面がある。そこで，①歴史の発話主体に注目し，なぜそのような歴史の描き方をしたのかを批判的に検討する力を「歴史的思考力」の中心に据えたい。それを支える歴史学習固有のスキルとして，②史資料から根拠を導く思考，③時代や地域間の比較の思考，④変化や因果関係の思考，⑤歴史的当事者としての意思決定の思考，⑥歴史的事象に対する解釈・評価を設定した。また，これらの「歴史意識」を背景にしながら現代社会の諸問題について意見をもつことも，長期的には見通されるべきであろう。後者については，⑦論理的思考力と表現力，⑧批判的思考力，⑨コミュニケーションとコラボレーションのスキル，⑩問題解決的思考力などがあげられる。本章では紙幅の関係からそれぞれの具体的事例や相互の関係などについての詳述は避けるが，これらの力をどこでどのように養うのか，カリキュラムに明確に位置づけ，計画的に指導することを提案したい。

第2節 「民主主義」を考える世界史カリキュラム

上記のような「歴史的思考力」を身につけさせるために，「民主主義」その
ものを1年間の授業における切り口とすることが有効だと考えた。以下，その
概要を紹介したい（高等学校1年，世界史B，4単位）。

(1) 1学期…「民主主義」概念を検討する

①古代ギリシアにおける「民主政」

生徒がもつ「民主主義」についてのイメージはじつに多様で，「独裁者がい
ないこと」「国民に主権があること」「貧富の差がないこと」などがあげられた。
それらのなかで，自分がどれに最も重い価値をおくのかをあらかじめ決め，授
業はスタートした[3]。一例をあげてみよう。アテネ民主政の学習のなかで，ペ
イシストラトスの僭主政とクレイステネスの陶片追放について取り上げる。ペ
イシストラトスは民衆の支持を受けた僭主（独裁者）であり，民衆のための政策
を展開したが，政治的手続きは「非民主的」である。クレイステネスの陶片追
放は，民衆の投票により僭主になるおそれのある者を決めアテネから追放して
しまう。手続きは「民主的」であるものの，アテネを追放するという結果につ
いて，生徒は思い悩む。すなわち「民主主義」として「結果」を重視するのか
「手続き」を重視するのか，生徒の価値判断を促すのである。

その後，ペロポネソス戦争をめぐる民会の意思決定の過程から衆愚政治の意
味を問うてみると，この段階では生徒の間には「有能なリーダー待望論」とで
もいうべき感覚をもつ生徒が出てくることになる。一連の授業が終わったとこ
ろで，民主政について考えたことをエッセイとしてまとめさせた。

②湯浅誠の論考を読んで考える

「有能なリーダー待望論」に対して思考を深めさせるために，湯浅誠の論考
から一部を抜粋・配付し，生徒に読ませることを夏休みの課題とした。湯浅は
「人々が仕事や生活に追われ，余裕がなくなってきたからこそ，（中略）ヒーロー
＝切り込み隊長に期待」するようになり，「苦しさが人々から『面倒くさくて，
うんざりして，そのうえ疲れる』民主主義と根気よくつきあう力を奪い，焦り
を生み出していきます」と述べている[4]。生徒たちにとっては，1学期に学習

第18章 民主主義の「意味」を探究する世界史学習のカリキュラム *177*

した古代ギリシアの事例と，現在の日本の状況とを重ね合わせて考える大きなきっかけとなったようだった。

(2) 2学期…「革命とは何か」を考える

①ピューリタン革命は「革命」か「内戦」か

基本的な授業の構図は，前項の実践と同様である。生徒たちに「革命」の定義を考えさせたあと，ピューリタン革命の過程について共感的に学ばせる。「もし自分がジェントリだったらどの党派を支持するか」「もし自分が議会の議員だったら国王チャールズ1世の処刑を支持するか」などの問いを立てた。そしてこれら一連の過程を「革命」と評価することも「内戦」と評価することもできるとし，自分はどちらの立場に立つのかを説明させた。いずれかが正解ということではなく，当時の状況をふまえ，より史料に立脚して論じることができたほうに説得力があるとし，提出されたエッセイを添削した。

②イギリス革命とアメリカ独立革命を比較する

その後アメリカ独立革命まで授業が進んだところで，再び「アメリカ独立は『革命』と評価すべきか」と問うた。そのうえで，イギリス革命とアメリカ独立革命について，革命の主体や結果として成立した政体などを比較させ，それらの意見をもち寄ってグループで議論したうえで，ポスターセッションにて発表させた。

③「革命」をキーワードに「民主主義」について考える

フランス革命まで学んだあと，前項までの3つの革命を相互に比較したうえで，改めて「民主主義」とは何かについてエッセイを書かせた。その際，1学期の学習内容を想起するように指示した。

(3) 3学期…「民主主義」とナチズム

①「ドイツ人はなぜナチ党を支持したのか」

冬休みのレポート課題として，ホロコースト（ショアー）について調べ，感想をまとめてくるよう指示した。この場ではホロコーストについて「ひどい」「人間がしたこととは思えない」という強い感情が表明された。

レポート作成から約1カ月後にナチ党政権下のドイツについての授業となる。

178 第3部 変貌する社会と市民性

映像を含む史資料を用いながら，「あなたが当時のドイツ人だったら，ナチ党を支持しますか？」という問いを立て，自分の意見を書かせた。世界恐慌後の失業問題の克服，ゲシュタポなどによる監視体制，「ナチ党のスローガンを疑いながらも…積極的な政治行動から退き，日常生活では体制の提供する『安定と娯楽とモダンな展望』を受け入れ」5)る民衆心理を学んでゆくと，生徒たちは必然的に「ナチ党を支持していただろう」という結論に至る。しかしその結論は，レポートで自らが抱いた「怒り」や「悲しみ」を引き起こす当事者になり得ることの表明でもある。ナチ党が合法的に政権を獲得し維持したこと，つまり「民主主義」的手続きに則って民衆の支持を得たことがホロコーストにつながることに，彼らは恐怖し，改めて「民主主義」の意味を考えた。

②これらの事例から何を学ぶか

本章に具体的事例としてあげたもの以外にも，なるべく「民主主義」の問題にひきつけて授業を展開するよう心掛けた。たとえば1学期には中国の皇帝独裁と「有能なリーダー待望論」を関連させて考えさせたり，2学期にはコロンブスとラス＝カサスの先住民に対する見方を比較してみたりした。3学期にはアジアの視点を導入すべく，同じく「革命」という観点から辛亥革命と孫文の役割について検討したり，ガンディーの近代化批判について取り上げたりもした。一つひとつの授業のなかではペアワークやグループワークを行い，常に自分の考えを他者と共有したりぶつけたりしながら，生徒たちは思考を深めていった6)。それらが総体となって，彼らの「歴史意識」や「歴史的思考力」を育んでゆく。そして1年間の授業の最後に，「民主主義とは何か」をテーマにした最後のエッセイを書かせ，まとめとした。この内容については後述する。

第3節　1年間の授業のなかでどのような「歴史的思考力」が育まれたか

「民主主義」を切り口とした授業をカリキュラムとしてとらえ，それぞれの実践でどのような「歴史的思考力」を意識したのか，表18.1に整理した。○印が少ない項目は今回の実践で不十分なところ（a, d, eなど）であり，逆に○印が多い項目（b, fなど）は実践の特徴であると同時に，全体のバランスから扱い

表18.1　取り上げた授業実践で意識したスキル

	1-①	1-②	2-①	2-②	2-③	3-①	3-②
a　発話主体の批判的検討					○	○	
b　史資料から根拠を導く	○		○	○		○	○
c　時代や地域間の比較	○			○	○		○
d　変化や因果関係			○			○	
e　意思決定			○			○	
f　解釈・評価	○	○	○	○	○	○	○
g　論理的思考力と表現力	○					○	
h　批判的思考力		○				○	
i　コミュニケーション	○		○			○	
j　問題解決的思考力					○	○	○

注：横軸は「学期」と「授業」に対応（1-①は1学期の①の授業）

が適切だったかをチェックする必要がある。「歴史的思考力」の内実を意識し，どのスキルを，どの段階で意識させるべきなのかを検討しながら年間カリキュラムを立案する手助けにしたい。

　カリキュラムとは，生徒の学びの道筋であると解釈することができる。1-①の問いは，生徒が中学校までの社会科の授業のなかで得てきた「民主主義」イメージを確認し問い直す内容であり，歴史を学び始めて間もない段階でも解答可能である。2学期の内容は，「革命」という概念を複数のモデルを比較して相互の特徴を明らかにしたうえで，1学期の学習内容と重ね合わせながらのエッセイが求められる。3学期には，自己の内面の問題とも向き合うべく，A「自己の内側からの思考」とB「自己の外側からの思考」との往復を意識した[7]。1年間の学習の深まりをスキルベースでとらえ，より高次な思考操作を必要とする学習課題を設定し，より一層の「歴史的思考力」の高まりを促すことも，カリキュラムを考える際に一考されるべきではないだろうか。

　ところで，生徒のスキルの向上を質的に分析するために，1年間の授業の最後に授業評価アンケートを行った。そのなかでどのような力が身についたのかについて言及されていたので，以下に紹介したい。

　　「最初は中学までとは違った"考える授業"に戸惑うことも多かったが，
　　大変だった分，得るものも多かったように思う。物事を多角的に見る力，

180　第3部　変貌する社会と市民性

自分の意見を相手に伝える力，自分の意見を論理的に述べる力…（中略）を養うことができた。」

「一番成長したのは，物の見方と思考力です。今まではある物事に対して一方から見て考えていたが，1年間授業を受けてきて，それらを客観的に，かつ多方向から見ることができるようになりました。（中略）また，いい意味で疑う心を持つようになりました。」

「今までの私たちの時代があるのは，他ならぬ数々の世界が織り込んできた歴史があるからである。多角的な視点で，多くの文献に触れ，知識を寄せ集め，思考・考察し，今の時代とどうつながるか，どう生かすかを考えること，そうしなければ歴史も時間の流れというシュレッダーによって単なる忘却資料となってしまう。」

生徒たち自身がスキルベースの学力観を有していることに注目したい。自己をメタ認知し，身についた能力についてそれぞれの言葉で語っている。

第4節　「民主主義」を問題意識として学ぶことの意味

もちろん，歴史教育の目的は「歴史的思考力」の育成だけではなく，授業で扱われた内容からする「歴史認識」の深化にもある。3-②の問い，すなわち1年間の「民主主義」と関連づけられた世界史学習の結果として，生徒たちがどのようなエッセイを書いたのかみてみよう。ある生徒は「独裁者と民主主義」という切り口から，ペイシストラトスとロベスピエール，そしてヒトラーを比較して共通点と相違点を分析しようとした。また，ある生徒は「法」に着目し，最高権力者が制定した法の限界をイギリス絶対王政期やナチ党，大戦前の日本の事例などから述べ，「最高権力者も従う法がある」ことを「民主主義」の条件とした。彼は憲法のもつ意味に，歴史の文脈から自ら気づいたことになる。

このエッセイでは，自らの認識の深化にふれている生徒も多かった。1-①の問いで「民主主義」の自分なりの定義を考えているのだが，「民主主義」をめぐるさまざまな歴史的事象を知識として得，それらを有機的に結びつけて自省的に考察をめぐらせる姿が印象深い。一例を，以下に紹介しよう。

第18章　民主主義の「意味」を探究する世界史学習のカリキュラム　*181*

「私は，一番初めに『理想的な民主主義とは何か』を考えたときに，『国民が政治に関心を持ち知識があるとき，理想的な民主主義が成り立つ』という言葉を入れていた。そしてドイツの事例を学んで，改めてその大切さに気付いた。またそれに加え，(ギリシアの…筆者注)デマゴーゴスやヒトラーの扇動によって衆愚政治に陥らないようにするには，『政治を理性的に見る』ことも必要になると考える。なぜかというと，民主政はもちろん『民』が『主』になることであり，教養がなければ参加できないが，人には感情があるため，知識があったとしても扇動され，冷静な判断ができない状況なら，独裁を阻止することはできないと考えたからである。」

このあと彼女は，前5世紀のアテネでは市民に余暇があり「政治への関心と知識」が高かったのに対し，1930年代のドイツでは不況下における余裕のなさと若者の「戦争の記憶という知識」の欠如に，相違点を見いだしている。いっぽうで，「アテネではデマゴーゴスが感情的に訴える言葉に人々は共感をおぼえ納得したのだろうし，またヒトラーのスピーチは人々を熱狂させ，冷静な思考力を奪うものであったと考えられる。人はひとたび感情的になってしまえば，独裁や不合理を許容してしまうのである」と，「知識」のもつ意味を限定し，「政治を理性的にみる」ことを上位概念として提唱する。そして彼女の考えは現在の政治に至り，パフォーマンスにより熱狂する政治が現在でも起こりうるからこそ，「理性」の大切さを説き，結びとした。

前5世紀の古代ギリシアと1930年代のドイツとを直接比較することは，歴史学的な手続きとしては乱暴かもしれない。しかし彼女なりに「民主主義」の意味について思考をめぐらせ，借りものではない知識でこの二者を有機的に結びつけ，結論づけている。無論彼女の論理や認識の甘さは指導されるべきではあるが，彼女なりの歴史叙述をつくることができたことは，「歴史的思考力」の高まりを証明したといってよい。同時に，「民主主義」についての「歴史認識」を深めたということもできるだろう。

第5節 「民主主義」を問い続けることと「歴史的思考力」

　スキルベースの学力観は，ともするとグローバル化や新自由主義との親和性の文脈から批判されるし，それを自戒することは重要である。加えて，「歴史的思考力」とはきわめて多様な概念であり，それらに対して自覚的に授業を展開しつづけることは簡単ではない。本章では，抽象的に扱われがちな「歴史的思考力」について，仮説的に体系化したうえで，1年間の授業のなかでどのようなスキルを養う機会を与えられたのかについて論じてきた。生徒たちは「民主主義」というテーマを軸にしながら，地域間・時代間の比較を行い，「民主主義」という概念について繰り返し検討することによって「歴史的思考力」を鍛えた。このことは「民主主義が機能するための思考力」とも直結する。

　本章では，育てるべき「歴史的思考力」とカリキュラムとのかかわりについて，帰納的に示すことしかできなかった。生徒たちの「歴史的思考力」の深化と各単元での問いのあり方の再検討に基づくカリキュラムの再構築を課題としたい。

［飯塚 真吾］

■注

1) たとえば石井英真は，「教科を学ぶ(learn about a subject)」から「教科する(do a subject)」への転換を説く文脈のなかで，加藤公明が1980〜90年代にかけて行った討論授業を取り上げている。石井英真 (2015)『今求められる学力と学びとは——コンピテンシー・ベースのカリキュラムの光と影』日本標準

2) 一例として，鳥山孟郎・松本通孝編著『歴史的思考力を伸ばす授業づくり』(青木書店，2012年) がある。とくに鳥山による「歴史的思考力」の類型化は大変参考になる。

3) 飯塚真吾「古代ギリシアから民主政を考える」同上書

4) 湯浅誠 (2012)『ヒーローを待っていても世界は変わらない』朝日新聞出版

5) 木村靖二 (2009)『世界の歴史26 世界大戦と現代文化の開幕』中央公論社

6) 筆者のグループワークの実践例の一つとして，ジグソー法を取り入れたものがある。飯塚 (2016)「社会的リスクを判断する力を育む歴史教育——アメリカ南北戦争を題材として——」坂井俊樹編『社会の危機から地域再生へ——アクティブ・ラーニングを深める社会科教育』東京学芸大学出版会

7) 本書第1章を参照されたい。

おわりに

　フォーク・ソング「『いちご白書』をもう一度」(1975年) に次のような一節
がある。"就職が決まって　髪をきってきた時　もう若くないさと　君に言い訳し
たね"。社会を変えようという学生運動の流れのなかで，彼女に対して既存の
社会現実 (体制) に呑み込まれていくことへの釈明である。現代の高校生や大学
生からみたら，とても不可解かもしれない。正規に就職することが容易でない
厳しい現実，また既定の会社人間を望まない若者たちの雰囲気などからすれば，
当時は大きく異なる状況であった。1970年前後は学生時代と卒業後の間には，
社会評論や政治的言説に断絶する意識もあったといえる。いわばそれは現実に
生きることに対する〈本音〉と〈建前〉との乖離といえなくもない。

　私ごとであるが，高校3年生は1970年前後であった。また大学でも，日米
安保関連をはじめベトナム反戦や多様な政治改革への批判，大学民主化への学
内集会や反対デモが連日展開されていた。大学でも自治会からのデモ参加要請
があり，授業のときにビラが配布されたが，そのときの学生たちの対応はいく
つかに分かれる。積極的賛同，消極的賛同，ノンポリ (無関心) 派，少数だが反
対という立場であった。当然，賛同することが潮流であり，少なくないノンポ
リの発言権は弱かった。こうした全国を席巻した高等学校，大学での学生運動
は，その後の政治参加意識として，どのように評価されるのであろうか。

　小玉重夫氏は「日本でも1970年前後に学生運動が全国の大学，高等学校で
展開されたが，それらは欧米と比較すれば，一部の高等学校での着装の自由化，
生徒自治の進展等はあったものの，その後の学校改革に直接結びつくことは少
なく」と論評している。たしかに高校改革は，そののちの世代に継承される
りは，政治的無関心の拡大と管理の強化に帰結した観が強い。いわば建前より
は本音で生きる傾向が強まったといえる。本音で生きるという点では大きな流
れに身を任せるということでもあった。

　しかし一方で，この時代の思索は，総じて既存の価値観，知識観や学校観・
教育観を問い詰め続けた点は，つとに指摘されるところである。政治的な問題

意識が高まり，既存の社会や政治の枠組みや秩序の問い直しが，ときには無謀とも思われる主張と行動の面をもっていた。そうした観点での政治的感覚や主権者としての感覚が意識化されたことはまちがいない。

　こうした学生運動もすでに歴史的出来事となってしまったが，こうしたエネルギーが噴出したことを記憶，継承しておくことも大事なように思われる。あれだけ高まった政治的意識が，なぜ継承されずに反対に強固な偏差値教育に巻き取られてしまったのか。社会と個人の関係を問い詰める発想の弱さ，自己の主体的な選択の軽視，社会や政治事態が自己形成の要素として認識されることの軽視など，検討されるべき課題が多々あるのであろう。

　2000年以降のグローバリズムと高度情報化社会の出現により，教育面で子どもたち一人ひとりの個性的な創造性を伸ばす能力開発が要求されるようになった。知識基盤社会に対応した学力像と呼べる。しかし，創造的な能力開発中心の学力像は，ある点で現代社会の学力の一面しか表さない危険性を内包している。つまりグローバリズムと高度情報化社会は，知識基盤社会への行き過ぎた依存と情報の拡散によって，他方で自然現象の危険や食の安全性の軽視，社会，政治，国際問題の本質を隠ぺいしてはいないか。つまり「リスク」の側面である。現代社会は，知識基盤社会とリスク社会が同時に共存する社会という認識に立ったとき，以前にも増してより一層，子どもたちや私たち一人ひとりの主体的な判断や選択が重要になる。主体的な判断をする場合，他者への配慮，異質への想像力，当事者意識への共感などが不可欠となろう。こうした点が，主権者としての成長には不可欠なのではないであろうか。自分自身での判断と選択が不可欠であることを，改めて1970年前後の学生運動のエネルギーの振り返りから私たちは学ぶことができるように思われる。

　本書の政治的教養は，政治的諸問題に絞られる政治教育ではなく，より主権者，換言すれば市民としての教養を考えている。各論考と実践は，このような観点でそれぞれの著者なりの政治的教養育成教育への試みである。

坂井　俊樹

〈監　修〉

坂井　俊樹（さかい　としき）　　東京学芸大学 教授

『社会的危機から地域再生へ―アクティブ・ラーニングを深める社会科教育―』編著，東京学芸大学出版会，2016年

『日韓〈歴史対立〉と〈歴史対話〉―「歴史認識問題」和解の道を考える―』監訳（鄭在貞著），新泉社，2015年

『現代リスク社会にどう向き合うか―小中高，社会科の実践―』共編著，梨の木舎，2013年

〈編　著〉

小瑶　史朗（こだま　ふみあき）　　弘前大学 准教授

「国際理解教育における『地域』の再考―開放性と重層性の視座から―」日本国際理解教育学会編『国際理解教育』第22号，明石書店，2016年

『社会科教育の再構築をめざして―新しい市民教育の実践と学力―』共編著，東京学芸大学出版会，2009年

鈴木　隆弘（すずき　たかひろ）　　高千穂大学 准教授

「首都圏から見た人口減少社会―社会科は格差社会をいかに乗り越えるか―」『社会科教育研究』第125号，日本社会科教育学会，2015年

「学校におけるESD社会科の課題―『よりよい社会を目指して』単元の教科書記述分析から―」日本環境教育学会編『日本の環境教育』第2号，東洋館出版社，2014年

國分　麻里（こくぶ　まり）　　筑波大学 准教授

『韓国の歴史教育―皇国臣民教育から歴史教科書問題まで―』金玹辰共訳（金漢宗著），明石書店，2015年

『植民地期朝鮮の歴史教育―「朝鮮事歴」の教授をめぐって―』新幹社，2010年

18歳までに育てたい力
　―社会科で育む「政治的教養」――

2017年2月19日　第1版第1刷発行

監修　坂井　俊樹

　　　小瑶　史朗
編著　鈴木　隆弘
　　　國分　麻里

発行者　田中千津子

発行所　株式会社 学文社

〒153-0064　東京都目黒区下目黒3-6-1
電話　03(3715)1501(代)
FAX　03(3715)2012
http://www.gakubunsha.com

ⒸＣ 2017 Toshiki Sakai／Fumiaki Kodama／
Takahiro Suzuki／Mari Kokubu
乱丁・落丁の場合は本社でお取替えします。
定価は売上カード，表紙に表示。

印刷所　新灯印刷

ISBN978-4-7620-2689-8